JN334838

NHK BOOKS
1214

国家緊急権

hashizume daisaburo
橋爪大三郎

NHK出版

Emergency Power
by
Daisaburo HASHIZUME
NHK Publishing, Inc., Tokyo Japan 2014 : 04

まえがき

あなたは、番犬を飼っている。

ニホンセーフという名前で、けっこう獰猛《どうもう》だ。番犬にはちょうどいいのだが、危ないので、丈夫な鎖にふだんはつないである。

あるとき悪漢が、垣根を乗り越えて侵入してきた。手には血のついた凶器を持っている。大変だ。そこであなたは、番犬の鎖を解いてやる。ニホンセーフはまっしぐらに、悪漢に向かって駆けていく、あなたを守るために。やっぱり頼もしい番犬で、よかった。

——となるかどうか、実はわからないのです。なにしろ、やってみたことがない。見境なく暴れ回って、あなたに噛みつくかもしれない。じゃあやっぱり、鎖につないだままならよかったのか。でもそれだと確実に、あなたは悪漢にやられてしまう。

＊

「国家緊急権」なんて、聞いたことないというひとが多いかもしれない。

でも、そういうものが、あるのです。

番犬を、つないでいる鎖が「憲法」。

番犬は、「政府」。

悪漢は、「緊急事態」と考えてください。

そうすると、この本に書いてあることがわかる。

ふだん、番犬のニホンセーフは、鎖につながれて、おとなしくしている。けれども、根は獰猛です。獰猛な番犬をどう使いこなして、悪漢をやっつけるか。それが、主権者である日本国民の知恵だと思うのです。

この本のテーマは、物騒です。こんな本を出版すると、「右翼」「ファシスト」「政府の手先か、お前は」など、ありとあらゆる非難が私に浴びせられそうです。でもそれは、覚悟のうえです。なぜならこの本は、主権者である日本国民の、安全と平和を守るためにいつかどうしても考えておかなければならないことがらを論じているからです。

本書を読んだ結論が、番犬はやっぱり鎖につないでおこう、でもかまいません。日本国が成熟した理性的な国家にもう一歩近づく、その材料になれば、本書の使命は達せられたと言えるのです。

＊ なお、「国家緊急権」はなじみがないテーマのため、関連する論文や各国の憲法、法令、などからの抜粋を、「資料編」にまとめて掲載しました。併せてご覧下さい。

目次

校　閲　山本則子
ＤＴＰ　㈱ノムラ
編集協力　斎藤哲也

第1章
国家緊急権とはなにか

国家緊急権というものがあります。

緊急時に、政府が必要な行動をとることをいいます。

平時の法秩序（憲法や法律）から、逸脱しているのかと言えば、その通り。**憲法や法秩序にあえて違反してでも、憲法や法秩序を守ろうとするアクションをとること**をいいます。

国家緊急権について、ふつうの憲法の教科書や法律の専門書にはあんまり、書いてありません。それはひとつには、それを学問的に考えるのが難問中の難問で、上級問題だから。もうひとつには、それは「政府は憲法違反をしてもよろしい」と言うのと同じで、それを論ずること自体が有害だと憲法や法律の専門家たちが思っているから。ゆえに、日本の政府職員も、一般の人びとも、「国家緊急権」について聞いたことのあるひとは、あまりいないと思います。

でもだからこそ、国家緊急権について考えておくことは、憲法をよく理解し、民主主義をしっかり運営していくために、とても大事である。つるかめ算がわかると、小学校の算数がそろそろ卒業なのと同じで、国家緊急権のことをしっかり考えられれば、憲法も民主主義もよくわかったという意味なのです。

憲法

国家緊急権がどういうものか理解するためには、まず、憲法がどういうものか、しっかり理解しておかなければなりません。

国家緊急権は必要だとしても、危険なものです。劇薬です。劇薬である国家緊急権を扱うためには、しっかりした準備と、憲法を尊重し国家を民主主義の原理原則に従って運営する、強い意志とが必要です。

そこでまず、憲法の成り立ちにさかのぼって考えましょう。

憲法は、人民が政府に宛てた手紙（命令）です。

それはこんな感じです。

われわれ人民は日本国を作ることにしました。ついては、その原則を定めるので、政府の職員となったひとは、この原則に従いなさい。

政府の機関は議会、行政府、裁判所、地方自治体などとします。法律は議会が作り、予算は議会が決め、法律の執行は行政府が行ない、紛争の解決は裁判所が行なうものとします。政府は必要な公共サービスを行ないますが、その際、われわれ人民の権利（生命財産、幸福追求権、所有権、信教の自由、言論の自由、集会結社の自由、通信の秘密など）を守りなさい。

以上。

日本国民たろうとする主権者人民より

日本国（政府職員）殿

日本国憲法はこのように、主権者である人民（日本国民）から、日本国政府（政府とはこの場合、行政府のみならず、立法府や司法府、地方自治体など、税金によって運営されるすべての組織のことをいう）に宛てた手紙（命令、または、契約書）です。憲法は、人民と政府との契約なのです。

憲法を守る義務があるのは、日本国（特に政府）である。人民ではありません。

人民（主権者）は政府に命令する立場にあり、憲法を守らせる立場にあっても、憲法を守る立場にはない。人民はそもそも、憲法を守ることができない。それは、自分で自分の所有物を盗むことができないようなものです。

憲法はよく、法律の中の法律（法律の上位にある法律）と言われます。が、それは、法律の親玉というわけではない。憲法とそれ以外の法律では、法律としての性格が違います。ふつうの法律は、立法機関（議会）で制定されて、人民が従うもの。人民の全員ではなく、関係する当事者（政府機関など）だけが、従うように求めるものもあります。それに対して憲法は、その構造がまったく異なります。憲法は、人民が立法し、政府がそれを守る。ゆえに憲法は、政府の一機関である議会で勝手に改正することができず、国民投票（人民の立法手続き）にかけなければなりません。憲法には改正手続きがあり、憲法によって憲法が決められるような外見がありますが、その本質においては人民が立法者となり、直接に立法権を行使し、政府に命ずるものです。

したがって、人民（国民）は、法律に従っていればよく、憲法には従わない。憲法は、政府がそれに従っていることを監視していればよいのです。このことをしっかり腹の底までわかること。これが主権者である日本国民が、本当に主権者であるということです。*

憲法制定権力

さてここで、憲法の逆説がおわかりいただけると思います。

民主主義の国家はすべて、法律に従って作動しなければなりません。そして法律は、憲法に合致していなければなりません。では憲法は、何に合致していればよいのか。

憲法の制定や改正手続きは、民主主義的・合法的であったほうが望ましいように思いますが、それは可能なのか。憲法を改正する場合は、現行の憲法の改正手続き（たいていの憲法に定めら

＊ ちなみに大日本帝国憲法は、主権者が人民ではなく天皇であると定めていたので、憲法改正は、議会が発議したあと、それを承認・公布するのは天皇、という仕組みになっていました。

れている）に従って、憲法を改正すればよろしい。ではその、最初の憲法はどうやって制定したのか。

いちばん最初、憲法はなかった。**憲法上の根拠なしに、人民が憲法をつくり出し、政府を樹立する**という瞬間がなければならない、どう考えても。

これは、アメリカ独立革命、フランス革命などの出来事にあたります。それ以外の国家でも、それに相当する出来事が起こった。イギリスのように、明確な革命のかたちを取らず、従来の政治体制が徐々にいつのまにか憲法的な体制に変化していく場合もあります。いずれにしろ、どこかの時点で、憲法が人民の意思によって存在し始める瞬間がある、と考えてよい。

憲法を憲法にしているのは、憲法以前の力です。この力が、アメリカ合衆国をアメリカ合衆国たらしめ、フランス共和国をフランス共和国たらしめ、日本国を日本国たらしめている。そう、考えられる。

これを、**憲法制定権力**、といいます。

憲法制定権力は、いわゆる国家権力ではありません。国家権力（政府機関の持っている権力）は国民によって授権され、憲法の定める規定（拘束）に従うもの。憲法によって生み出される権力です。それに対して憲法制定権力は、憲法を生みだす権力。憲法を生みだす、人民にそなわった権力なのです。日本の憲法教育では、憲法制定権力について強調しませんが、こう考えるのが方です。

正しい。これは、私個人の考え方ではなく、世界中の憲法の教科書に書いてある、基本的な考え方です。

すると、つぎの重大な命題が成立します。

憲法制定権力は、憲法に拘束されない。では、憲法に拘束されない憲法制定権力を、つねに持っている存在とは何か。

それが、主権者です。

立憲君主制では、主権者は君主。君主は憲法に拘束されます。しかし、君主が主権者である以上、緊急事態においては超憲法的に行動し、国家と人民を救う権利と義務があると考えるのです。この、憲法を超越して行動する能力は、憲法制定権力と実質的に同じものです。

同じように考えるなら、主権者である日本国民は、憲法制定権力を持っている。通常は憲法の定めに従う国家機関がつくりだす、法律（ルール）に従いますが、本当の本当の緊急事態においては逆に、主権（憲法制定権力）を行使して、国家と自分たち人民みずからを救う権利（と義務）があることになるのです。

国家緊急権は、国民が持っているこの憲法制定権力（主権の表れ）が、実際に発動されるかたちと考えることができます。政府が緊急時に、憲法に制約されずに行動するのは、人民の利益を守るため。そして、人民が政府にそれを許している（緊急時に必要な行動を授権している）と考える以外にないからです。

革命権

憲法制定権力のパラドックスは、法学説のうえでは、革命権をめぐる問題としても議論されてきました。

革命権とは、政府が人民の意思に反し、人民の権利を踏みにじり、人民の福祉に反する行動をとった場合に、**人民が憲法や法律の定めによらず、革命を起こして新たな政府を樹立する権利**です。

このような権利があるかどうかについて、さまざまに議論されてきました。

革命権を主張する論者は言います。もしも革命権がなければ、いったん樹立された政府（国家権力）は人民と無関係に行動し、税金を集め、ほしいままに権力をふるい、人民の人権・生命・財産を脅《おびや》かし、どのような独裁制・暴政といえども出現可能になる。これに対する最後の歯止めは、人民が直接実力に訴えて、政府を排除することでなければいけない。これは永遠に奪うことができない人民に固有の権利だ。ゆえに革命権は是認される、と。

このような革命権という考え方を最初に提出したのは、ジョン・ロック*です。ロックが提出した革命権という考え方は、イギリスの名誉革命に理論的な基礎を与え、またアメリカ独立革命やフランス革命にも影響を与えたとされています。

これに対して、革命権を否定する論者は、次のように言います。革命権は果たして権利なのか。もしも革命権などというものを人民に認めれば、人民は法律を守らず、税金を払わず、兵役の義務を果たさず、ほしいままにふるまって政府に反対し、至るところに無政府状態（混乱と暴力）をうみ出すことになる。このような可能性を野放しにしておくこと自体が、人民の安全と福祉に反している。このような無政府状態を排除するためにこそ、憲法と政府があったはずだ。革命権を認める政治思想は、民主主義と憲法の体制に墓穴を掘るものである、と。

このふたつの議論は、どちらにももっともな点があり、そしてどちらにも弱点があると言えます。つまるところ、どちらの立場も完全に、相手の立場を否定することができない。革命権（すなわち、人民が憲法と無関係に新たに行動する権利）は、仮にあるとしても、その行使はよくよくの場合のためにとっておかなければならない、というのが健全な常識の教えるところでしょう。

この、よくよくの場合というのが、憲法のもとでは政府が人民と社会を守ることができない、

＊ イギリスの哲学者・思想家（一六三二―一七〇四）。政府は、個人が生まれながらにして持つ権利（抵抗権など）を守ることを目的として、人民の合意によって設立されたものであること（社会契約説）を説きました。主著は『統治二論』（一六九〇）。

緊急事態と通じるものがあります。革命権の議論は、現代的に言い換えるなら、緊急事態と憲法の関係の議論です。緊急事態では、憲法はどのように扱われるべきなのかという問題として、われわれに議論がゆだねられていると思うわけです。

国家緊急権

国家緊急権と革命権はこのように、似ているところがあります。平時の憲法によっては、人民の安全や福祉が守れない。したがって、なにかアクションを起こさなければならない、というところです。

いっぽう、国家緊急権と革命権の違うところはどこか。革命権は、いわば憲法のリセットにあたります。それを行使するのは、人民です。人民が直接、実力に訴えて、政府をいちからつくり直し、憲法を新しく制定する、というアクションです。これまでの憲法は打ち捨てられ、恒久的な変化が生まれます。

それに対して国家緊急権は、人民ではなく、政府のアクションです。平時の憲法を忠実に守っていたのでは、人民の利益が大きく損なわれる。政府を設立した目的が達成されない。そういう究極の緊急事態に、政府が人民に代わって、人民の福祉のために、超憲法的な行動をとる。現行憲法が（一部または全部）無視される点は似ているのですが、行動の主体が人民ではなく政府であるという点が異なります。* そして、これはあくまでも一時的であり、緊急事態が過ぎ去れば、もとの憲法秩序に復帰します。

国家緊急権のなにが問題か

国家緊急権のいちばん悩ましいところは、誰でもわかるように、憲法が無視され、政府が憲法の枠を踏み越えて行動するという点です。簡単に言えば、憲法違反です。人民と政府の間のかたい契約が憲法であったのに、その契約を、政府が自ら破る。憲法違反を行なうということが問題です。

問題をいくつかに噛みくだくとすれば、

- どういう場合に、憲法違反をしてよいか
- 憲法違反をした場合に、その責任は誰が負えばよいのか
- 憲法違反をした状態から、もとの憲法秩序に復帰するには、どういう手続きが必要か

これらの問いはそれぞれ関連していますが、いちおう別々の問いであると考えられます。また、

＊ 国家緊急権の定義は、一七六―一七七ページの学説AからE、また二一四ページからの「有事法制と緊急権」も参照。

それ以前に、そもそも憲法違反を想定している憲法などというものが、憲法なのかどうかという問題もあります。*

それでは、国家緊急権という極めつきの難問を追いかけて、憲法の森の道なき道を進んでいきましょう。

＊　憲法違反の問題が難しい点は、大日本帝国憲法の起草者たちにもよく理解されていました。たとえば伊藤博文『憲法義解《ぎげ》』は、百年以上も前の解説書ですが、緊急勅令を例に、よく問題が整理されています。衆議院の閉会中に緊急勅令（法律と同等の効力をもつ）を発した場合、政府は、新たに開会された議会に緊急勅令を提案して、承認をえなければならない。「もしも政府が緊急勅令を提案しなかったら」という質問に対して、「政府ハ憲法違反ノ責ヲ負フヘキナリ」とだけ回答してあります（二〇八ページ参照）。政府が憲法違反をした場合、それを是正する手段がないことが、言外に示されています。

第2章
国家緊急権と憲法

国家緊急権と、憲法の関係を考えてみましょう。

国家緊急権と憲法は、そりが合わない。しかしどこかで、憲法は、国家緊急権という考え方をあてにしているものなのです。

国家緊急権は、憲法の中にうまく盛り込むことができるものなのか、それとも、憲法には書き込むことができないのか。これには、賛否両方の考え方があり、議論はまだ決着していません。どちらの考えをとったとしても、それで、国家緊急権と憲法とを調和させたことにはならないからです。

この問題を順番に、具体的に、考えていきましょう。

政府はなぜ憲法に縛られるか

政府(狭い意味での国家)は、次のような性質を持つ組織をいいます。

一、税金を集める
二、公共サービスを行なう
三、特に、警察、軍隊をもっている
四、特に、裁判を行なう
五、特に、法律を制定する

六、そのために、専任の職員からなる組織を持っている

おおよそこういうものです。

このような政府（行政府）は、歴史のかなり初期の段階に現れて、古代、中世、近世、近代、現代まで、つねにあり続けました。人びとが公共サービス（とりわけ、安全保障）を必要としたからです。

こうした政府には、二重の性質があります。

第一に、政府は公的なもので、公共サービスを行ない、正義を実現し、暴力を独占し、裁判を行ない、人民の福祉を実現します。

第二に、政府はそれ自身が利益団体であり、政府職員は職をえ、権力を行使してその他の利益をえ、人民を搾取し圧迫し、迫害します。

つまりあるときは、人民と政府は互いに支え合う関係にあり、あるときは互いに対立する関係にあります。多くの政府には、この両方の要素があります。

このような、政府と人民の矛盾したねじれた関係をどのようにすればよいのか。これまで人類はさまざまな知恵を絞ってきました。その結果出てきたアイディアは、主なものをあげると、

一、法の支配

二、憲法

三、民主主義

の三つです。

法の支配とは、**政府もまた法に従う義務がある**ということです。権力は恣意《しい》的に行使されてはならず、法にもとづいて行使されなければならない。法は政府からなかば独立しており、政府から人民を守るための仕組みでもあります。

憲法は、第1章でものべたように、人民が政府をつくり出し、つくり出した政府を人民の意思によってコントロールしようという契約をかたちにしたものです。

民主主義は、予算を決め、法律を制定し、政策パッケージを選択し、外交や安全保障について意思決定を行ない、……といった政府の行動について、人民が議論し、意思を表明し、その代表からなる議会を構成し、直接・間接に政治に影響力を及ぼす権利と制度が保障されているシステムのことです。民主主義のもとでは、政府の行動は究極的には人民の意思に基づきます。端的にはそれは、直接普通選挙による代議制議会としてあらわれます。

これら三つのアイディアは、歴史のはじめからそなわっていたわけではありません。多くの人びとの努力と苦難と犠牲によって、ようやく実現したものです。

わが国の政治制度もこの三つを下敷きとし、戦後民主主義というシステムができあがりました。この考え方からすれば、政府は法律に、そして憲法に従わなければならない。これは、人民主権、民主主義の根幹であり、絶対的な命令です。

政府が憲法に従うこと。それは、民主主義の第一原理です。

人権と政府の組織

では、憲法の中身を見ていきましょう。

憲法には、まず人権のリストが書かれています。

これは、政府が行動する際、前提として守らなければならない、主権者である人民の権利の一覧表です。この権利は、**政府の設立にさきだって人民にそなわっている権利**である。法律による権利（制定法による権利）ではなく、法律に先立つ権利（自然による権利）です。ちなみに制定法以前の法を、キリスト教神学の用語で、「自然」といいます。「神が人間に与えた権利を、政府が奪ってはならない」のです。ゆえに憲法の保障する権利を、法律（政府の立法行為）によって奪うことはできない。

憲法は、契約の一種です。この契約は、人民が自分の権利をよりよく守るために、政府を樹立するものですから、その目的は最終的に、自分の権利が守られることにある。この条件のもとに国家を設立した。ゆえに国家は、この権利を無条件に守る義務があるのです。そこで、憲法には、政府が無条件に守らなければならない人権をリストにして掲げます。

＊

つぎに、政府機関のリストが掲げられます。

存在すべき政府機関。立法機関（議会）、行政機関（内閣、ないし、大統領）、司法機関（裁判所）。これらの機関の権能（権限）が定められ、これらの機関の相互関係が定められます。主権者である人民がもっている主権（包括的な権力）を、それぞれの権能に分割して、それぞれの政府機関に授権している、と考えることができます。

憲法に定めのない政府機関は、存在してはならない、と考えなければなりません。そして、憲法に定めのある政府機関が、定めてある権能以外の権能をもつことも、禁じられていると考えなければなりません。たとえば、「法律は国会で制定する」と憲法に書いてあれば、国会以外の機関が法律を制定してはならないことを意味します。人民は「等しく裁判所で公平で迅速《じんそく》な裁判を受ける権利がある」と書いてあれば、裁判所以外の機関で裁判を受けたり、裁判を受けることなく処罰されたりしないということを意味します。日本国憲法は「特別裁判所は、これを設置することができない。」と明言している（第七十六条）。これは、憲法に定める裁判所以外の政府機関を設置して、裁判所に代わる権限をもたせてはならない、という意味です。

憲法は、さまざまな政府機関に、行為能力を与えています。その能力を与えるのは、主権者である人民の意思です。能力を与えられるのは、憲法（ならびに、関連する法律）によって設置された政府機関です。電気にたとえるならば、主権者である人民が発電所のようなもので、法律が電線のようなもの、電気が流れてはじめて政府機関は動くことができます。

＊

そのほか憲法には、憲法の改正手続きが定めてあるのがふつうです。人民の側の義務として、納税や兵役についてのべてある場合が多くあります。軍や戦争についても、定めてあるのがふつうです。緊急事態が生じた場合に、政府が通常の場合と異なった行動ができるように定めている、憲法もあります。（これについては、後述します。）

要するに、政府の基本設計図、そして、政府と人民の関係について定めているのが、憲法だと言えるでしょう。

人権はなぜ、守られなければいけないか

人権はなぜ守らなければならないのか。長い議論の歴史がありますが、簡単に要約をしておきます。

まず、議論の出発点として、人権と（法律上の）権利と能力とを区別してください。

能力から説明しましょう。能力とは「何かができる」ことをいいます。たとえば、身体の性能

によってできることがいろいろあります。隣の家に入り込んで、庭になっている夏みかんをもいで取ってきて食べることもできる。気に入らない人間を、殴ることもできる。やろうと思えばできることはいくらでもあるのです。そして、さまざまな人間の能力は、互いに衝突する関係にある。資源は稀少で、欲しがる人びとは多い。そこで、人びとが能力どおりに行動するならば、いたるところに争いがうまれるはずです。これをトマス・ホッブズ*は、「万人の万人に対する戦争」と表現しました。

権利（right）とは、人びとの行為の能力（可能性）のうち、**法律によって正当化されている**ものをいいます。たとえば所有権は、モノを支配し、自由に使用・収益・処分してよい権利。この区画の土地、この赤い自動車、この袋のなかのパンが、私の所有物であるということは、同時に、それがほかの誰かの所有物ではないということ。この土地なら土地が、私ならざるAさんやBさんの所有物ではなくて、AさんやBさんがそれを自分のものとは思っておらず、私のものだと承認している、ということを意味します。法律は、誰もが正しいと認めるものなので、人びとの「これは私のもの、これはあなたのもの」という相互承認を保証することができ、土地や自動車や……を自分のものとして、排他的・独占的に使用することができます。したがって能力は、権利となったとき、はじめて自分に利益をもたらすことになります。法律はこのような権利を人びとの間に設定し、人びとの生きる手段と福祉とをうみだす力があります。このためにも、法秩序はどうしても必要なのです。

ふつうの権利は、法律によって与えられます。法律によって与えられるということは、法律によって奪うことができるということを意味する。

法律や手続きによって与えたり奪ったりできることを特に明示したい場合、その権利を、特権（privilege）といいます。特権というと、ただの権利よりも上等なもののように聞こえますが、じつはその逆で、権利よりも弱い。特別な理由で特別な手続きで、あるひとに与えた権利なので、その権利を奪うのも簡単なのです。

それに対して、法律や手続きによって奪うことが絶対にできない権利を、自然権（natural right）、あるいは基本権（fundamental right）といいます。

自然権、基本権は、近代の法哲学者たちがさまざまな論争のなかで必死に生み出してきた概念です。明治の日本では、「天賦《てんぷ》人権論」というかたちで紹介されました。

自然権とはどういうものか。

＊ イギリスの哲学者・政治思想家（一五八八―一六七九）。人間は、国家樹立以前の「万人の万人に対する戦い」の状態（自然状態）から、互いに契約（社会契約）して主権者としての国家をつくり、皆が国家に従うことによって平和がもたらされると説いた。主著は『リヴァイアサン』（一六五一）。

「自然」とは、前にのべたように、キリスト教文明の伝統では、「神が与えた」という意味。日本にはこの意味での自然の観念がないので、注意しましょう。神は、自然を造りましたが、自然の一部として、人間も造りました。そして、人間を造ったと同時に、その人間が生きていく能力と権利を一人ひとりに与えたと考えるのです。

そのあとで社会ができ、国家ができ、法律ができた。これらはぜんぶ、人間が造られたあと、人間が神に相談なくつくったもの（人間の業《わざ》）です。であるからこそ、神が与えた権利（自然権）を、人間（政府や国王）が奪うことはできない。この考え方がベースになって、自然法思想が生まれました。

自然法思想のポイントは、**法律や憲法が奪うことのできない人間の固有の権利が、だれにでもそなわっている**、と考える点にあります。これこそ、人権とよばれるものです。

では、人権とは、具体的にはどのような権利でしょうか。

生命・身体の安全。所有権。幸福追求権。信仰の自由。集会結社の自由。言論の自由。表現の自由。信書の秘密。新聞・出版の自由。労働基本権。などなど。このリストは、だんだん長くなる傾向がありますが、どこの国の憲法でもだいたい一致しています。

＊

このようにいくつもある人権は、横並びでなく、優先順位（序列）があることに注意しなければばなりません。生命・身体の安全と、所有権を例に考えてみます。

所有権がなぜ大事か。モノの所有が保障されないと、生活の基盤が成り立たない。土地が所有できないと農業ができないし、商品が所有できないとビジネスができない。家族を営んだり平穏な社会生活を送ったりするのが困難になります。

しかし、モノを所有することは手段に過ぎない。それにくらべれば自分の生命・身体は、生きていることそのものですから、なにをおいても守らなければなりません。そこで、生命・身体の安全が脅かされたなら、所有権を犠牲にしなければならない場合もないとは言えない。同じように所有権が脅かされたなら、それよりも派生的な権利、たとえば集会結社の自由や新聞発行の自由を断念しなければならない場合もないとは言えない、のです。

このように、基本的人権や自然権は、いくつもあるとしても、単に並列されているわけではなくて、その裏に優先順位が隠れています。ただしこの優先順位は自明ではない。信仰の自由は、所有権やことによると自分の生命・身体より大事だと考える人もいるかもしれない。また、基本的人権と基本的人権が、互いに矛盾する（両立しない）場合もあるかもしれない。いちがいに言うことはできないのです。

＊

政府は、なるべく多くの人びとの基本的人権を、なるべく十分に守るように行動する、という義務を課せられています。基本的人権の一部を制約するのが許されるのは、より重要で基本的な人権を守るため真にやむをえない場合に限られる、と考えるべきです。

通常、すべての人びとの人権は十分満足すべき水準で守られていなければなりません。しかし、状況が厳しく切迫している場合には、この政府の義務を果たすことができず、緊急的にその一部を確保するため残りの一部を諦《あきら》めなければならない、ということもあるかもしれない。人権を守らなければならないのは、人民がそのように政府に要求するからです。そのために政府を樹立した。人権を守るのは政府の義務です。しかし、人権を実際に守れるかどうかは、政府の能力によります。政府の能力に限りがあるなら、人民の要求に応えられないということも起こりうる。自然災害や外敵の攻撃など、政府に責任のない状況下で、人民の人権が損なわれたとしても、政府のせいであることにはなりません。

公共の利益は人権を上回るのか

人権を考えるにあたって、もうひとつ重要な論点は、人権と公共の利益が対立した場合にどちらが優先されるかという問題です。

政府それ自身も団体として行動している。政府の財産、政府の権限、それにともなう政府の都合があります。それから、政府が行なっている公共サービスを、きちんとやらなければならないという要求もあります。その国の人民全体の利益を、政府は代表し、代行しなければなりません。個々の人民は、自分ひとりのこと（せいぜい、家族や地域のこと）をまずまっ先に考え、主張する存在です。それに対して、政府は、その国の人民全体のことを主張する立場にあります。

たとえば、どこか外国で、悪質な伝染病が流行しているというケースを考えてみましょう。

この国の人民には、居住地選択の自由や移動の自由がありますから、自由に海外に渡航したり帰国したりすることは、憲法の保障する人権の一部です。政府がいちいち口をさしはさむ筋合いはない。しかし、そのため、病原菌やウイルスが侵入して、国内でも悪質な伝染病が流行して多くの人びとが死んだり病気になったりすることは、政府としては避けたい。そこで政府はどう考えるか。人びとの生命・身体の安全というもっとも基本的な権利を守るために、人びとの移動の自由を制限したほうがいいのではないか。そこで、伝染病がはびこっている地域への人びとの渡航を制限したり、その地域にいる日本人や外国人の帰国・入国を制限したりすることは、ありえます。

こうしたケースでは、しかるべき法律を定めて、その法律によって、人権に対する何らかの制限を加えることになります。その根拠となるのが、「公共の福祉」（「公共の利益」といってもだいたい同じ）です。全体としての利益（優先順位の高い人権）を守るために、一部の人びとに不利益（優先順位の低い人権の制限）を甘受してもらわなければならない（日本政府の見解は、二一五ページからの「災害時の私権制限」、「緊急事態法制と国民の権利・義務との関係」も参照）。

その不利益に対して、補償が必要なら、補償したほうがよいでしょう。けれども、どんな場合も補償できるとは限りません。また、補償すべきであるとも限りません。

＊

さて、伝染病の場合は、「公共の利益」の内容や、人権を制限する必要がわりに明らかですが、いつもそうとは限らない。「公共の利益」を理由に、人権に制約をかけることが、政府に自由にできてしまうようでは、そもそも守られるべきものとして定められた人権の規定が、無意味になってしまうのではないか。

私はこう思います。「公共の利益」は、政府の都合（利害）であってはならない。それは、その国の人民の基本的権利の「総和」でなければならない。

「総和」であるとは、どういうことかというと、全体と部分の間の矛盾がありうるという意味です。全体を尊重する場合に、一部に犠牲がしわ寄せされることもないとは言えない。極限的な場合、ギリギリの決断になることもあります。一万人を救うために、五百人を犠牲にするしかないというような。そんなことは、誰だってやりたくないけれど、そういうことをするしかないときに、誰かがそれをしなければならないとしたら、それは政府の職員だと思います。それをしなかった場合に何が起こるかということを、政府の職員は考える。

こういう意思決定の場に居合わせるのが政府の職員だとすれば、政府の職員はいつでも、「公共の利益」と人権との間で起こる、矛盾と葛藤でいちばん苦しむひとのはずです。

「公共の利益」は、人権を上回る、なにかある実体だと考えるべきではありません。「公共の利益」が損なわれるとは、**おおぜいの人びとのもっとも基本的な人権が損なわれる**という意味なのです。このため「公共の利益」は、人びとの人権（の一部）を犠牲にする可能性を秘めているのです。

このように考えるなら、政府が「公共の利益」のために人権を制限するのは、ひろい意味で人権を守る活動の一部であることがわかります。しかし、政府は、そのことを実証しなければならない。人権を制限することによって守られる、もっと大きな人権の全体として「公共の利益」があることの、論証をする義務と責任が、政府にはあります。

国家緊急権を行使しないことのなにが問題か

もしも、すべての人権があらゆる場合に絶対であるという意味で、人権が絶対であれば、人権を否定するあらゆる政府のアクションはとることができません。たとえ「公共の利益」に適《かな》っていても、誰かの人権を制限することができなくなる。政府はたとえその能力があっても、実際には無能力になる。つまり、黙って見ていることになります。

政府には、このような無責任な態度は許されないと私は思います。

国家緊急権を必要な場合に行使しないということは、多くの人びとの基本的人権、生命・身体の安全、所有権など、重要な基本的権利が損なわれるのを、ほっておくということです。緊急事態に政府が行動しなければ、さもなければ救われたであろう多くの人命が失われたり、傷害を負ったりすることを意味します。国家緊急権を行使することによって、人びとの基本的権利が損なわれるその程度よりも、ずっとずっと大きな被害が生じることになります。それが許されないとするなら、政府は、必要なアクションを必要な限りで起こさなければならない。万が一の場合に国家緊急権を行使しないということは、政府の怠慢であり、それによって被害が生じたことについて政府には責任があると思います。

たしかに政府職員は、憲法に従うべきである。しかし、そのことを隠れみのにして、「わたしは憲法違反はできません」と言い、緊急事態をまえにただ手をこまねいている。その結果、この国の人民のかけがえのない生命や財産が失われ、社会が破壊される。これはなんとしても避けなければならないことではないでしょうか。

だとすれば、正当化できる憲法違反がある、と考えなければならない。国家緊急権の発動は正当である、という議論が成り立つのです。

＊　国家緊急権をめぐる学説G、H（一七八ページ）も参照。

第3章

国家緊急権と軍隊

国家緊急権はしばしば、軍と関係づけて論じられます。軍は、いわゆる緊急事態に対応する能力が高い組織（政府機関）だからです。

軍は見たところ、武器を持ち制服を着ているので、警察と似ています。また日本では戦後、軍が存在しなくなったので、軍というものが理解できなくなり、軍も警察も似たようなものではないかとか、現に自衛隊という軍か警察かよくわからないものが存在しているぐらいで、軍と警察を区別しなくてもいいではないかとか、思っているひとが多い。

そこでまず、軍と警察のどこが根本的に違うか、最初に説明しておくべきでしょう。

軍と警察はどこが違うか

まず軍と警察が同じ点を言えば、どちらも政府機関で、構成員は政府職員です。（ここで政府とは、広義にいう政府で、税金によって運営される組織をいい、地方自治体なども含みます。）またどちらも大なり小なり武器を携行し、必要に応じてそれを使用します。

しかし、同じなのはここまでです。

では、軍と警察はどのように異なるのか。

警察から説明すれば、警察が主に対応するのは刑事事件であり、刑法に抵触する行為（犯罪行為）を担当します。犯罪が起こると、事件を捜査し証拠を集め、犯人を特定する。そして、逮捕して身柄を拘束します。その後、尋問を行ない調書を作成し、検察に送る。これを送検といいます。書類のほか、必要に応じて容疑者の身柄も送ります。検察は、警察からの書類を受けて、ひき続き取り調べを行ない、起訴するかどうかを決めます。起訴した場合には、舞台は裁判所に移る。検察は、裁判所で原告をつとめて、被告人の有罪を立証するために活動します。

要約します。警察の目的は、**犯人を逮捕して裁判にかける**こと。裁判にかけるためには、犯人が生きていなければなりません。実力を行使して身柄を押さえ逮捕したとしても、容疑者に暴力を振るったり、制裁行為を加えたり、不必要な物理的心理的圧迫を加えたりすることは許されません。関連の法令にもとづいて、適法に、取り調べを行なうことが求められます。

この意味では警察は、通常の政府職員と同様です。「同様」という意味は、憲法ならびに関連の法令にもとづいて、授権された行為を行なうことができる。授権されていない行為は行なうことができない、ということです。

犯罪の捜査や犯人逮捕では、どうしても人権を侵害せざるをえません。そこで、たとえば犯人の身柄を拘束するには、特別の許可（裁判所の発行する逮捕令状）が必要です。これは、こういう事件が起こってこの人物が犯人らしいので、身柄を拘束して取り調べたいので許可してくださいと、その都度申請することです。逮捕令状がない段階では、任意の取り調べしかできない。本人が同意しないと、取り調べはできません。同様に、犯罪捜査のために誰かの住居などに入り込んで証拠を押収《おうしゅう》したりするためには、裁判所が発行する家宅捜索令状や証拠の押収令状が必要となります。こうやって授権された限りで、所有者の許可なく強制的に住居に侵入し、証拠を押収できるのです。さもなければ、たとえ証拠のようなものを発見しても、押収できません。

令状がなくても、行動できる特別な場合もあります。現行犯逮捕といって、犯罪が現に行なわれている場合、緊急に警察官の職務を執行することができますが、これも逮捕後に、裁判所で逮捕が正当であったことを確認してもらわなければなりません。こうした警察官の行動は、刑事訴訟法や警察官職務執行法などの法律に詳細に規定されていて、そこに書いてないことは一切できません。

＊

以上の考え方を、わかりやすく整理してみましょう。

政府職員の行動は、ふつう、憲法や法令によって授権されていることをやってよく、それ以外のこと（授権されていないこと）はできない、のが原則です。憲法や法令によって授権されているとは、「○○はできる、○○はできる、……」と、できることを具体的に列挙したリストが用意されている、という意味です。このやり方を、**ポジティブリスト**といいます。このリストにないことは、どんなに正しい（と思われる）こと、どんなに必要（と思われるよう）なことであっても、一切できません。

ポジティブリストと反対なのが、ネガティブリストです。

ネガティブリストは、ポジティブリストと反対に、できないことをリスト化します。「△△はできない、△△はできない、……」と、禁止事項を残らずリストアップする。そして、そのリストに載っていないことは「できる」と考える。

ポジティブリスト／ネガティブリスト、と聞くと、語感からいって、ポジティブリストのほうが強力なように響きますが、実際はその逆。ネガティブリストのほうが、はるかに強力な権限を与えることができます。なぜなら、「禁止されていること以外は、どんなことでもできる」とするのが、ネガティブリストだからです。

ネガティブリストに従うのなら、ほぼ「どんなことでもできる」ので、「主権」のもともとの発想に近い。人民は「主権」をもっているので、政府を樹立し、政府に憲法をみとめさせたのでした。政府はふだん、この憲法に制約されますが（ポジティブリスト）、いざという場合は、この主権を体現して行動することもできます。たとえば、戦争は、主権国家と主権国家の、生存をかけた争いなので、政府の一部である軍という、戦争の専門の組織が、主権を体現して相手国に対して自由にふるまう。戦争する軍は、戦時国際法の制約を受けますが、戦時国際法は禁止事項の束（ネガティブリスト）でできています。つまり、軍が主権を体現するものとして、自由な行動能力をもつことを前提にしている。

軍（である政府機関）は、戦争に際して自由に行動できなければならないので、ポジティブリストではなくネガティブリストによって、拘束されます。自由に行動するとは、私有財産を破壊したり人命を損傷したりすることを含むので、人権に抵触します。でもそれが、必要でやむをえなかった場合は、憲法に違反したことにはなりません。

＊

このように理解すると、軍は、警察（や一般の政府機関）の裏返しであることがわかります。まず軍は、警察と違い、国内にかぎらず外国で行動することがある。犯罪を捜査するわけではなく、敵軍と交戦します。交戦している相手国の軍のメンバーは、犯罪行為に従事しているわけではなく、相手国の国家意思にもとづいて職務を遂行しているだけです。その職務の遂行に障害となる相手国の軍の成員や兵器を破壊することが許可されています。これは国内法によって許可されているのみならず、国際法によっても許可されている。簡単に言えば、戦争をする権利（交戦権）がある。＊

戦争では、敵国の軍人を逮捕したりしません。敵国の軍人を殺害してもよいのです。警察であれば、犯人を逮捕するため威嚇《いかく》射撃を行ない、どうしても相手の抵抗を排除する必要がある場合には急所を外して射撃をするのが原則です。相手に致命傷を与えるのは、危害が自分や第三者の身に迫りほかに手段がない場合に限られる。いっぽう、戦争ではそんなまどろっこしいことはせず、可能なら致命傷を与えるように攻撃します。戦闘行為は違法行為ではないので、相手が殺害されたり傷害を負ったとしても、裁判は開かれません。その戦闘のやり方が、確立された国際法に従っていない場合にだけ、国際法に対する違反として、軍事法廷で裁かれます。

軍には、戦争に必要な活動を行なってよいことが、包括的に授権されている。それはネガティブリスト方式にもとづいています。たとえば軍に禁じられている行為のリストは、民間人を殺傷すること、毒ガスや生物兵器など、国際法に違反する兵器を使用すること、捕虜を虐待すること、戦闘行為の最中に軍服を脱いだり指揮官の命令に従わず規律違反の行動をとったりすること、などなど。それ以外はすべて、**必要であれば実行できる**。このような権能を持つ組織が軍なのです。

まとめると、

- 警察（や平時の政府機関）……ポジティブリストに従う
- （戦時の）軍……ネガティブリストに従う

＊　現代の国際社会では、原則として、戦争は違法である。ゆえに、軍が戦闘行為を行なうことも違法であるのではないか、という議論もあるようです。でもそれは違う。仮に戦争そのものが違法であったとしても、正規の命令に基づいて出動した軍隊は国際法の認める軍事行動をとっていると理解され、軍人の行動が殺人罪や器物損壊罪のような罪で責任を追及されることはないのです。この意味で、戦闘行為は合法であり、軍人はテロリストと違う正規の戦闘員としての保護を受けるのです。

これが、警察と軍の根本的な違いです。

なお、「戦時の」と断ったのは、戦争をしていないとき（平時）の軍は、ほかの政府機関と同じように、通常の法令（ポジティブリスト）に従うからです。平時の軍は、陸海軍大臣（長官）のもとにあります。それに対して、戦争になると、軍は部隊ごとに新たに戦時編制され、参謀部の指揮下に入ります。

＊

さて、軍とは何か。

国際法上確立した定義があるので紹介しておくと、軍とは、

一、制服を着ている

二、外から目に見える形で武器を携帯している

三、指揮官がいて、指揮命令に従って整然と行動している

四、国際法など規律に従って行動している

の四つの条件を満たすものをいいます。したがって、制服を着ていなかったり、武器を隠し持っていたりするゲリラや便衣隊《べんいたい》は、国際法上、正規の軍とは認められません。逆に、ボランティアの武装勢力（義勇軍）であっても、制服を着て指揮官がいて、指揮命令に従って、国際法を守りながら戦闘しているなら、国際法上の軍としての扱いを受けます。

この規準によるなら、**わが国の自衛隊は、国際法上の軍である**ことに注意しましょう。国内法上は警察と同等の存在であっても、現に、国際的には軍とみなされ、軍としての扱いを受けています。

緊急時に対応できるのは軍だけ

さて、「緊急時」は、戦時に準じる状態と考えることができます。

自然災害や突発的な出来事などによって、通常の社会活動も政府の活動もできなくなって、政府が特別に活動することが求められる場合が、緊急時です。

政府機関のなかで、平時と異なった活動能力をもっているのは、軍です。軍は、戦時を想定した、通信・輸送・建設・医療・裁判・衛生などの仕組みをそなえている。鉄道や一般道路や通信やライフラインが途絶すると、ふつうの政府機関はまともに活動ができなくなりますが、軍は独自にそれらを確保できる。そのための設備や車両や船舶や航空機や機材をもっている。そのため、緊急時に行動する能力が高い。と言うか、**緊急時に行動できることが確実な、ほぼ唯一の政府機関**なのです。

そこで多くの国では、緊急時に行動するのは、警察ではなくて、軍であると想定されています。*

軍は、装備や訓練など行動能力のうえからも、法制のうえからも、緊急時に行動するのにふさわしい。法令によって授権されなくても、「必要ならば、禁止されていない限り行動できる」という原則に従う、政府機関だからです。これこそまさに、緊急時における政府の行動としてふさわしい。

自衛隊は軍なのか

自衛隊は軍なのか、という議論があります。

日本では憲法第九条によって、交戦権を放棄し、軍をもたない、と決めています。けれども一九五〇年に、警察予備隊が置かれ、のちに保安隊となり、一九五四年には自衛隊とさらに名称を変えました。その装備からみれば自衛隊は、立派な軍であると言えます。法的にはどうか。

憲法が明文で、軍をもたないと決めているのですから、自衛隊は軍ではない。ならば警察です。国内法で言えば、自衛隊は軍ではなく、警察である。実際、自衛隊法は、警察官職務執行法とよく似た考え方でできており、ネガティブリストではなくポジティブリストによって、職務のルールが決められている。自衛隊は、法律によって授権された以外のことはできない、という考え方で構成されている組織なのです。

この点で自衛隊は、通常の軍に比べて、戦時や緊急時の行動能力に問題があると言えます。

よく冗談のように言われることですが、戦車（自衛隊の戦車は、戦車であっても戦車ではないので、特車という）が国道を通って作戦行動に移ろうとすると、道路交通法に従わなければならない。また、敵軍の上陸予想地点の近くに陣地を設営しようとすると、そこが私有地で家屋を破壊する必要があった場合、権利者の許可をえなければならない……。このように、本来ならば戦闘の「必要に応じて自由に行動できる」はずの軍が、法的には軍でないので、国内法によってがんじがらめに縛られている。これが、法的に見た自衛隊です。

＊

ＰＫＯ活動のため海外に派遣されても、自衛隊は、携行した武器を用いることができない。相手が攻撃してきた場合に、はじめて応戦できる。それも、その法的根拠は正当防衛だと言います。これでは相手が逃げたとしても、追撃することもできない。こんな自衛隊はかっこうの攻撃目標になる。自衛隊員の生命をいたずらに危険にさらすことになる。

このように国内法から見れば、自衛隊は軍ではなく、警察に限りなく近いと言えます。しかし国際法から見れば、四四ページでも注意したように、軍として扱われることを忘れてはなりません。さきほどの四カ条——制服、武器の携行、指揮系統、国際法——を自衛隊が満たしているの

＊　一九〇ページのドイツ連邦共和国基本法第八十七ａ条など。

は明らかです。すべての船舶は民間の船舶と軍艦に分かれます。国際法上、軍艦には軍艦の扱いがあります。自衛艦は、日本国の領海を出て公海を航行し、外国の港湾に入港する場合、軍艦として扱われます。自衛官が外国公館で行動する場合、駐在武官として扱われます。国際法や外国での自衛隊の分類は、軍なのです。

日本は、戦争を放棄したけれども、自衛権までは放棄していない。だから自衛権があるというのが、政府の憲法解釈です。そこで、外国の攻撃を受けた場合、自衛隊は応戦します。この戦闘行為の最中に、自衛隊員が外国軍につかまるか降伏したら、どうなるか。自衛官は軍人（military personel）なので、国際法による捕虜と認められ、捕虜としての保護と処遇が受けられる。しかし、つかまったのが自衛官ではなく、武装して戦っている民間人だった場合、テロリストと同様の非合法な戦闘員（unlawful combatant）に分類されて、国際軍事法廷にもかけられず、国際法の保護も受けないまま、処刑されたり抑留されたり拷問されたりする可能性があります。

わが国の公務員である自衛官が、万一、正規の戦闘員ではなく、非合法な戦闘員としての扱いを受けるとしたら、わが国の政府はどうするか。国際法の認める戦闘員としての処遇をしてほしい、と相手国に要求することでしょう。これは、言い換えれば、自衛隊を国際法上の軍として認めてほしい、と言っているのと同じです。この要求はおそらく、自衛官が外国軍の捕虜となった場合に、日本国民の総意になると私は思います。

であれば今のうちに、自衛隊の地位について、もう少しよく考えておいたほうがいいのではないでしょうか。

戒厳令

緊急事態と軍を結びつけるものとして、戒厳令があります。

多くの国では、緊急事態に対応するため、戒厳令の定めがあります。*

戒厳令（martial law）を定義してみると、

「緊急時に、戒厳を布告して、**政府の権限の一部または全部を**、地域と期間を限って、**軍に委ねる**こと」

だと言えます。ここで政府とは、行政府のこと。この定義は、さまざまな論者のほぼ一致した見解です。

地域を限るのは、戦争などである地域の治安や安全が、政府でなく軍によって維持されるのが適当である場合を念頭においたもの。期間を限るのは、戒厳があくまでも臨時措置であって、その必要が過ぎ去ればすみやかに元の状態に復帰することを念頭においたものです。

＊ フランス・韓国・ロシア・戦前の日本など。一八二ページ以降を参照。

戦前、日本には陸海軍があり、大日本帝国憲法に戒厳の規定がありました。そして実際に、何回か、戒厳令が施行されました。

一八九四―九五年　日清戦争　広島・宇品
一九〇四―〇五年　日露戦争　長崎、佐世保、対馬、函館、澎湖島、台湾など
一九〇五年　日比谷焼打事件　東京市および荏原郡、豊多摩郡など五郡
一九二三年　関東大震災　同右、のちに東京府、神奈川県、埼玉県、千葉県も
一九三六年　二・二六事件　東京市

※日清・日露戦争時の戒厳は軍事戒厳（大日本帝国憲法第十四条が根拠）、それ以外は行政戒厳（同第八条が根拠）。八九、九〇ページ参照。

戦後、日本国憲法のもとで、軍が置かれないことになりました。軍が存在しないと定義上、戒厳を宣告しようにも、軍に政府の業務を委任することができない。ゆえに日本にはいま、戒厳の規定がない。

どうしても戒厳の規定を置きたければ、自衛隊を軍と呼び換え、その権能をポジティブリスト方式からネガティブリスト方式に書き換えて、国際法上の地位にふさわしい組織とし、政府の権

限を委託することにする規定を設けることになるでしょう。

＊

以上が戒厳令ですが、では軍がなければ緊急事態に対応できないのかといえば、そうではない。軍には、対応しやすい緊急事態と対応しにくい緊急事態があります。

軍はもともと戦闘を行なう集団なので、外国が攻めてきたというたぐいの緊急事態であれば、対応しやすい。あるいは、国内で暴動や内乱が発生したというような緊急事態なら、外国が攻めてきた場合と性質が似ているので、軍が対応できる。

いっぽう、経済的混乱や疫病の蔓延《まんえん》など、武力の行使とあまり関係ないタイプの緊急事態もある。軍は、そういう事態に対応する用意がない。こういう場合には、政府から軍に権限を移しても、なんの解決にもならない。むしろ、政府が当事者となって、そうした緊急事態の解決をはかるべきである、のです。軍や自衛隊は、ほかの政府機関にくらべれば、総じて緊急事態への対応能力が高いというだけの話であって、緊急事態の性質によっては、そもそも適任でない場合があるのです。自衛官は経済や伝染病などに対する必要な専門知識に恵まれているとは限りません。

＊

それではどうするか。軍に平時／戦時の区別があるように、政府機関にも、平時／緊急時の区別を設けることです。そして、緊急時には、ポジティブリスト方式からネガティブリスト方式に移行するなど、「必要なことはできる」ようにして、政府の行動能力を高める。政府には、経済の専門家、伝染病の専門家、核物質の専門家など、緊急時に重要な役割を果たすべき人びとがいる。それを組織して、緊急時に適切な行動がとれるように、準備を整えておくべきなのです。

このようなやり方は、定義上、戒厳令とはいえません。戒厳令は、一般の政府機関→軍、に権限を集約するものだからです。しかしその精神において、戒厳令と共通するものがある。緊急時に政府の行動能力を高めるため、一般の政府機関→緊急時に対応する一部の政府機関、に権限を集約する。権限の集約先が軍でないだけで、考え方は同じです。

このような仕組みを、法制度として整えておくことを、**緊急時法制**といいます。

緊急時は、「必要なことはできる」

緊急時に、政府の行動がむずかしくなるのは、憲法や法令による、平時を想定した政府機関への行動規制——国民から明示的にポジティブリストのかたちで授権されていない限り行動してはならないという原則——が、足かせになるからです。

この原則は、憲法の原理そのもの。民主主義のため、法治国家のため、憲法体制のためにどうしても必要な原則です。

でも、この原則は平時だから問題なく従うことができるものであり、緊急時には緊急事態を前にして即行動する必要が生じます。

もし、緊急時でもこの原則に縛られるならば、緊急事態に対応できる能力と用意のある人びとが政府にいても、行動できないことになるでしょう。ここに緊急時の問題点の本質がある。だとしたら緊急時は、政府機関のモードを切り替えて、**必要があるときにはそれを授権されたものと考える**というかたちで、対応を開始しなければならない。

このモードの切り替えは、緊急事態宣言。いわば戒厳にあたります。それについては、政府の最高責任者が責任を持つ。これが、いちばん合理的なシステムではないでしょうか。

*

ところが、わが国の憲法や現行の法体系には、「緊急時」の考え方がないと言っていい状態です。日本人もあまり、このことを真剣に考えたことがないでしょう。これは日本の、致命的な弱点(カントリーリスク)ではないか。

しかし、緊急時について目をつぶることにしたからといって、緊急時がやってこなくなるわけではない。

実際、二〇一一年三月十一日の東日本大震災では、福島第一原子力発電所の事故で、地獄の釜の蓋が開きかかりました。もしもあのとき、最悪クラスの原子炉破壊が起こり、もっともっと大量の放射性物質が環境中にもれ出して、それが高濃度なまま関東平野や首都圏を直撃していたら、なにが起こっていたのか。

退去命令（evacuation）が必要になったはずです。被害想定にもよるけれども、たとえば、関東平野の全域から住民が、二十四時間以内に、より安全な地域（中部、近畿、四国、九州、北海道、沖縄、国外など）に、速やかに退避しなければならない。想像するのが恐ろしくなるほどの、困難きわまる大事業です。物理的に移動の手段を確保できるか。混乱を防ぐための人員を配置できるか。自動車での避難を認めるのか。混雑緩和のための避難の順番をどう決めるか。避難もれや避難拒否の住民を誰がどうチェックするのか。首都機能や本社機能を、どう移転し、代替するのか。安全が確保できる移転先がみつかるのか。水や食料や毛布など、緊急時インフラは確保されるのか。交通や通信などのライフラインはどう確保するか。そもそも移動を命令するなどという、超憲法的な措置を誰がどういう権限と責任で行なうか。

現行の憲法や法体系ではまったく取り組み困難な問題ばかりです。事故直後の数日間、当時の政府首脳は、こういう想定も考えなければならなかったはず。しかし政府の手元には、こうした緊急時にどう行動すればよいかの、何のシナリオもなかったと想像されます。

これがもっとも恐るべきことだと、私は思います。

シナリオがない状態で最悪の事態が起これば、適切な対応（この場合は、首都圏からの退避）ができないことになります。退避ができなければ、数百万－数千万にものぼる人びとに、深刻な被曝が起こる。特に、幼少の子どもたちや自分で身を守るすべのない弱者らがまっさきに、被害にあう可能性が高い。大量の放射性物質にいったんさらされてしまえば、その後の健康被害については事実上、補償のしようも治療のしようもないことを考えれば、とてつもなく大変な事態になります。速やかな退避が必要なのは明らかです。

*

緊急事態への対応の基準は、「何もしない場合にくらべて、政府がこのように行動すると、より人びとの利益になるか」でなければなりません。

大規模で深刻な緊急事態の場合、被害をゼロに抑えることなど、はなから無理な場合が多い。あわてて自衛隊の協力を要請しても、地方自治体、警察、民間企業などとの連携をいちから模索していたのでは、どれほどの効果があるかわかりません。これから想定される深刻な被害をできるかぎり小さなものにして、全体として、この国の人民の生命・身体の安全を確保し、その前提となる社会秩序を維持する。そのために**本当に必要なことであれば、憲法の定めがなくても、法令が整っていなくても、それがあるかのごとくに、行なう。**これが緊急時における、政府の行動の指針であると思います。

まとめれば、緊急時には、必要があれば、政府は行動するべきです。必要があれば行動するのが正しい、と憲法に書いてあるかのように行動する。これは、形式的には憲法違反ですが、実質的には合理性をもっている。

実質的な合理性をもっている行動が、憲法や法令に違反してしまった場合にどうするか。それは、緊急事態が過ぎ去ってから、ゆっくり考えればよいのです。

補論・連合軍の日本占領はなんだったか

戒厳令とは、期間と地域を限って、政府の業務の一部または全部を、軍に移管すること。この定義に従えば、一九四五年九月から一九五二年四月までの**日本の占領期間は、戒厳状態**であるといえます。

この期間、日本政府は機能していました。陸海軍は、解体されましたが、かわりに連合軍がいた。連合軍は不法に日本にいるのではなく、ポツダム宣言の受諾を受け、九月二日に東京湾の戦艦ミズーリ号上で調印された降伏条約によって、日本を保障占領していたのです。日本が降伏文書に調印したことによって、連合軍は進駐軍となり、（大日本帝国の主権者である）天皇の上にたって、日本国政府（行政府や議会や裁判所）の行動を指揮監督することを、日本国は承認していた。

実際に連合軍最高司令官は、超憲法的な上級権を持っていて、日本の政府機関の行動を、直接指揮監督し、それを無効にしたり新たな行動を命じたりすることができた。主権とは、いったんある決定が行なわれると、もはやそれをほかの権威が否定したり覆したりすることがない、という意味ですから、日本国はこの期間、主権を失っていたことが明らかです。大日本帝国憲法のもとで天皇が主権者であると定められ、日本国憲法のもとで国民が主権者であると定められていることにかかわりなく、それは連合軍最高司令官に**従属**（subject to）していたのです。

これは、戒厳に等しい状態だった。日本の全域が、期間を限って、戒厳状態に置かれた。連合軍最高司令官ジェネラル・マッカーサーは戒厳司令官だったと考えればよい。だから、戦後日本は、六年間以上にわたり戒厳状態にあったのです。

＊

人びとはしかし、この事実から目を背けてきました。

日本国憲法が、帝国議会で改正の審議をされ、公布され、施行されるという時期、すなわち、日本国民が主権者となるといういちばん大事な時期に、日本国の主権が「戒厳司令官」のもとにあったことは、たいへんに収まりが悪い。説明しづらいことだったのでしょう。学校でも、占領の法的意味については教えていない。

この事実に目をふさいだため、日本が「戒厳状態」に置かれていたことと、戦後の日本に民主主義体制が成立したこととの関係が、どうなっているのかさっぱりわからないのです。これまで誰も、まじめに考えたことがなかったのではないか。

いままで誰も考えたことがないのであれば、いまここで考えることにしましょう。読者の皆さんは、この本を読み終えたあと、じっくり考えてみて下さい。まず先に、私の結論を言えば、

一、戒厳状態であったことは明らかである

二、戒厳状態であったことは、恥ではない。それは敗戦の帰結だった

三、日本の占領は、直接軍政ではなく、間接的な統治だった

というものです。

日本の政府機関（帝国議会および国会、内閣、陸海軍以外の主要な省庁、裁判所）は存続しました。また、法律（帝国議会が過去に制定したか新たに制定した法律、および国会が新たに制定した法律）は法律として機能し、内閣の政令や各省の省令や局長通達やそのほかの法秩序はすべてそのまま機能し、日本国は可能な限り自主性を尊重されて、なだらかに旧憲法の法秩序から新憲法の法秩序へと移行していったわけです。

このなだらかさは、日本国民自身が気がつかないぐらいでした。こんなにうまくいった軍事占領はないとされている。占領したアメリカ連合軍の側と、それを受け入れた日本国の人びとの側に、協力関係・共同行為があったということです。

でもこれが軍事占領で、戒厳状態であったことは明らかなのです。

このふたつは、両立する。そのように考えていけばよいのだと思います。

第4章

国家緊急権と独裁

国家緊急権は、憲法のもと、法律にしたがって合法的に政府が運営されている、典型的には近代民主主義社会において問題となる概念です。

ある国の政治システムが民主的と言えるのは、権力が必ず、事前に定められた法（憲法や法令）にもとづいて、適正な手続きを踏んで行使されるからです。通常はここに、民主主義の実質があると考えます。

ところが、緊急事態において、政府はどう行動するか。適正な手続きを省略、あるいは無視します。法律がなくても、政府は必要な行動をとる。

かりにそれが、合法であるとされるにしても、それは事後的です。事後になって、議会や裁判所が政府の行動を承認したり、それを正当化する立法を行なったりする。* これは、民主主義の通常のあり方に照らして、明らかに異常です。

独裁政治は、国家緊急権を必要としない

民主主義と憲法体制のもとで、国家緊急権が問題になる。その事情を理解するために、専制政治や独裁政治の場合を考えてみましょう。

政治制度の歴史をふり返ってみると、絶対王政では、統治権者である国王（主権者）がいた。彼の権力は過去に実力によって獲得されたものでした。そして、法律は王の命令であって、王自

身は必ずしも法律に拘束されない。王は、彼自身が、国家機関である。

法律に拘束されない王が、日常の統治行為を行なっているのであれば、緊急事態が起こった場合にも、王が適切に判断して行動すればよい。それを妨げる法律はない。緊急事態も、平時の統治行為となんら変わるところはないのです。王の行動が違法であるといって不満に思う人民もいなければ、それが違法であるから適正な国政のメカニズムとすり合わせなければならないと考える議会や法律家もいない。

このように、統治行為者を法律が拘束しないシステムを、**専制政治**といいます。

専制政治には、政治システムの点からみて、平時と緊急時の区別がないので、国家緊急権なる概念がそもそも必要ありません。国家緊急権みたいなものがもしあるとしても、それはすでに王(統治行為者)が手にしていると考えられる。新たな法律上の措置も、事後的な措置も、必要ないのです。

あとでみるように、この事情は、独裁政治の場合もだいたい同じです。

＊

さて西欧では、絶対王政の時代が終わって、次第に立憲君主制が主流となり、近代化が進んで、

＊　一七七ページからの学説F、Gも参照。

民主的な法治国家の制度へと移行していきます。

日本が西欧文明と遭遇したのは、ちょうどこの時期でした。明治以後、わが国の政治システムはどのようなものだったか。

明治維新は王政復古、すなわち、天皇を統治者とする律令《りつりょう》制への復帰がうたわれました。一八六九（明治二）年には、太政官《だじょうかん》制が復活し、「大臣」「納言《なごん》」「参議」などの職が設けられます。彼らをブレーンとした天皇の「専制君主」体制が、一八八二（明治十八）年まで続きます。

けれども、薩長の藩閥を主体とする専制政治に対して、全国で憲法の制定と議会の開設を求める運動が高まり、明治政府は憲法の制定を約束します。そしてまず、内閣制度に移行。そのあとすぐさま、一八八九（明治二十二）年に大日本帝国憲法を発布、続けて議会を開設します。こうして専制君主制は、立憲君主制に移行しました。

立憲君主制のもとでは、天皇は主権者であっても、憲法に拘束される。すなわち、天皇は国家の「機関」として、つねに憲法の規定に従って行動する。これを**天皇機関説**というのでした。天皇機関説のポイントは、天皇であっても通常は、憲法や法律に従って行動するということです。ゆえに、法律の定めがない場合には、法的能力がないので、行動できない。第3章の、ポジティブリストの考え方です。法律を作るのは、憲法の定めにより、議会の専権事項なので、議会が法律によって国家権力をコントロールするという関係が成立していることになります。

この関係は、現在の憲法と、基本的に同じです。

*

いっぽう、明治憲法には、緊急事態の定めがありました。天皇は、憲法にしたがって、緊急事態に対応する。緊急時には、法律の効力をもつ**緊急勅令**を発することができる。この規定は、国家緊急権の定めであると言うことができます。

それでも対応できないようなさらに重篤《じゅうとく》な緊急事態が起きた場合は、天皇は、超憲法的・超法規的な緊急権を発動する、とされます。これは、第三十一条にのべるところの「**非常大権**（天皇大権）」ですが（九〇ページ参照）、一度も発動されませんでした。

大権（prerogative）とは、君主がもともとそなえている統治権のことで、憲法に先立つ権力です。非常の事態に、憲法が機能停止した場合に、もともと天皇がそなえていた大権が復活する、と考えているのだと思います。

大権と主権とは同じものか。君主がほかの君主に従属するようになった場合、その君主は主権をそなえているとは言えなくなるが、君主であるかぎりは大権をそなえている。明治天皇の場合は、大権をそなえており、しかも主権をそなえていた。この天皇の権力が、憲法制定権力として機能して、欽定《きんてい》憲法（君主の命令によって制定された憲法）を人民に与えることになった。

この憲法体制のもと、日本は独立した主権国家である。そして天皇は、その日本国の主権者である。天皇がもともともっていた大権は、憲法以前的な権力なので、主権にかたちを変え、そのかげに隠れてみえなくなった。しかし完全になくなったわけではなく、非常大権の規定によって言及されている。このように考えることができます。

天皇が主権者であるのは、憲法によるのではなく、憲法以前的な事情による。大日本帝国憲法の構成は、こうなっています。それが、国家緊急権を天皇が行使できるとする、法理の構成に反映しています。憲法内的な緊急措置（緊急勅令や戒厳令など）に加えて、憲法秩序それ自身が脅かされるような非常事態に際しては、憲法外的な緊急措置（非常大権）が行使できる、それは憲法秩序に復帰するためのものである、という構成です（二〇五ページ以降も参照）。

大日本帝国憲法は、それなりによく考えられた、条文構成をもっていると言うべきです。

＊

これになぞらえて言うなら、国家緊急権と憲法の関係を、どう考えればよいか。

国家緊急権は、緊急勅令や戒厳令のように、憲法内的な権限として規定することもできるし、いわば非常大権のように、憲法外的な権限として位置づけることもできる。（非常大権は、大日本帝国憲法の条文に規定があるわけだが、かりに規定がなかったとしても、非常大権が存在しなくなるわけではない。）そして、国家緊急権はその本質において、憲法外的な権限であると言うべきなのです。

国家緊急権は、憲法に規定をおくことも、規定をおかないこともできる。そして、憲法に規定をおいたからといって、国家緊急権がその規定に完全に縛られるわけではない。その規定を超えた、国家緊急権の発動が考えられる。これは、各国の国家緊急権の法制化のあり方や法理論によって、明らかである。

国家緊急権をもつのは、日本国をうみだした日本の人民である。日本の人民は、憲法に対しては憲法制定権力であり、憲法内的な意味で主権者であり（国政選挙で、その意思を表示する、など）、憲法外的な意味でも主権者である（ジョン・ロックのいう、抵抗権や革命権を有する）。

わが国は、憲法第九条によって戦争を放棄したのに、**自衛権**をもつといわれる。なぜそういう解釈ができるかというと、日本国をうみだした日本の人民が、固有の権利として自衛権をもつからです。自衛権は、憲法外的な権利であるので、憲法内的な権利（交戦権）を放棄したからといって、放棄されたことにはならない。このような法解釈が半世紀あまり続いているわが国は、国家緊急権についても同様に考えるのが、首尾一貫しているのではないだろうか。

現実には、国家緊急権を行使するのは、国家機関（行政府）である。その根拠は、日本の人民にある。ゆえに、国家緊急権の行使が憲法秩序の枠外で行なわれた場合、事後的にそれを日本の人民に説明し、承認を求める責任が、行政府の当事者にはある。

このことは、のちに詳しく論じるとしましょう。

これと対比する意味で考えるなら、独裁政治では、国家緊急権は独裁者個人がもっている。独裁者による独裁政治は、近代的な政治システムのかたちをとった、専制的な政治システムのことです。憲法にどのような規定があろうと、独裁者は、憲法を上回る権力をもっている。その権力は、憲法外的なものである。独裁者はすべての権力を一身に帯びるので、法律制定権も身に帯びていると考えられる。そこで彼は、どう行動しようと合法的である。そして、国家緊急権を発動しても、人民に対する説明責任がない。だからそれは、緊急権でさえないわけです。

独裁政治では、三権分立のような権力の分散が存在しないので、「緊急時であるから、権限をある政府機関から別の政府機関に移す」という概念が成り立ちません。

*

ワイマール共和国はなぜ独裁政治に移行したか

独裁政治と聞いて私たちが思い浮かべる代表的なものは、ナチスのヒトラー独裁でしょう。ここで、ヒトラーの独裁と民主主義との関係、そして国家緊急権との関係を整理しておきたいと思います。

ドイツでは第一次世界大戦末期の一九一八年、革命が起きました。皇帝が退位して憲法が改正され、一九年にワイマール共和国が成立しました。ワイマール共和国は、ワイマール憲法によって国家を組織する、民主的で近代的な法治国家です。でも、きわめて脆弱《ぜいじゃく》な基盤のうえに立っていました。

脆弱な基盤の第一は、政治勢力の一角にプロイセン軍が存続したことです。プロイセン軍はユンカーのような貴族層を主体としていました。ユンカーはドイツ東部に多かった、貴族とは名ばかりの小農場経営者です。このプロイセン軍は、国民のための軍隊ではなく、皇帝に服従する皇帝の軍隊という性格が強かった。これは、わが国の陸軍が、自らを皇軍（天皇に服従する天皇の軍隊）と宣言したのと平行する現象です。

第二に、ワイマール共和国は大統領と首相の二元的な体制をとっていて、大統領が名目的でない実質的な権限を発揮しようとする傾向があった。そうすると、議会制民主主義の原則が危うくなります。

第三に、敗戦の結果、ドイツは国土が縮小され、フランスとの間に国境紛争も抱える状況でした。敗戦後、アルザス・ロレーヌはフランス領に編入され、それに隣接するラインラント地方もフランス側が保障占領した。これは、ドイツの国土に外国の軍隊が居すわり続けるようなものですから、ドイツ人の心情をいたく刺戟《しげき》し、反仏・ゲルマンナショナリズムが醸成されました。「フランス憎し、ドイツの民族性・自主性はどこへいった」という、大衆心理が蔓延していったのです。

第四に、厖大《ぼうだい》な賠償金と悪性インフレによる経済の破綻です。このインフレは一九二一年から始まって二三年にピークを迎えます。詳しくは、第6章でのべます。

これらの危機に対応するため、強力な指導者を待望する大衆心理が生まれた。

ワイマール共和国は、数回の緊急立法を行なっています。立法によって国家権力を、一時的であれ誰かに移す。こういう時限措置をワイマール共和国はしょっぱなから乱発しました。つまり、憲法に違反する法律を作ってしまったのです。

そういった状況のなかでナチスが台頭していきます。とはいえ、当時のワイマール共和国は、共産党も一定の支持を得ていました。共産党は労働者の生活を守ることを主張します。しかし当時は、労働者はまだ恵まれていて、労働者以上に中産階級の生活水準が落ち込んでいたのです。労働者は肉体労働ができるので賃金が入りますが、中産階級は会社が倒産すると路頭に迷ってしまうからです。そうして過激化した中産階級の不満の受け皿になったのがナチス（国家社会主義ドイツ労働者党）でした。ナチスは国家社会主義と謳《うた》うけれど、資本主義経済や所有権は肯定する。その名前とは裏腹に、中産階級に合った政党だったのです。

このナチスが一九三二年の総選挙でギリギリ第一党になり、翌三三年、ヒトラーは首相に任命されます。そして首相となるやいなや、さまざまな政治的謀略を駆使して、**全権委任法**という法律を議会で可決させ、国会や大統領の承認なしに政府が立法権を行使できることを定めました。

すなわち、議会の権力が、ヒトラー個人に委任されたわけです。

ここに合法的に、独裁者が誕生した。独裁が成立した時点で、国家緊急権はヒトラーのものになりました。しかもそれは合法で、たとえヒトラーが国家緊急権を発動しても、彼に説明責任はないのです。

＊

この構造は、ソ連や中国にも共通します。

中国には憲法がありますが、中国共産党が国家を「指導」することになっています。共産党の権力は、国家が与えた権力ではないので、法治国家とは言いがたい。たとえば中国共産党には中央軍事委員会というものがあって、ここが軍（人民解放軍）を統帥《とうすい》しますが、この命令は憲法の枠内のものだと言いにくいのです。天安門事件のようなことが起きた場合、鎮圧のために軍隊が出動します。それは、政府（国務院）を指導する中国共産党中央の意思ですから、中国で国家緊急権を発動するのは、政府ではなくて、中国共産党であるということになる。

ところで中国共産党は、中国の人民に対する説明責任をもちません。革命は、人民に説明しながら進めるものではないからです。中国共産党政権は、一種の独裁政権である。よって、中国では、国家緊急権と憲法の関係を、民主主義国の憲法秩序の場合のように、議論しなくてよいことになります。

しかし、日本国は、民主的な法治国家です。国家緊急権は平時には、カギをかけてしまわれている。潜在的に行政当局者、つまり首相がもっていると考えられますが、かりに何かの事情でそれを発動すれば、説明責任が生じます。

＊

ワイマール共和国が独裁政治であるといえる理由は、国家緊急権にあたる権限を、無期限・無条件に、特定の人物に与える法律を制定した点に求められます。そんなことをすれば、国家緊急権なり憲法外の権限なりが、緊急時をはみ出て行使され続け、独裁政治に移行してしまう。

これを教訓にするならば、わが国で国家緊急権を考えるときには、期間の制限をつけなければならない。時限であるという点が、とても重要です。かりに首相が緊急事態を宣言し、国家緊急権を発動するような場合でも、必ず期間を区切って、時限にすることが絶対に必要です。その期間は、緊急事態の性質によりますが、たとえば原発の大事故で関東地方にプルトニウムがまき散らされるようなケースであれば、避難が完了するまでの想定期間ということになるでしょう。

国家緊急権は、もとの憲法秩序に復帰することを目的とする

国家緊急権の発動が時限的でなければならないのは、独裁政治を防止するためもありますが、より根本的には、それが、緊急事態を前にして憲法秩序を守るため、緊急事態を乗り越えてもと

の憲法秩序に復帰するため、のものだからです。

国家緊急権の発動は、言うならば、**緊急避難**に当たります。

緊急避難とはつぎのような、刑法上の概念をいいます。

人間個々人には、誰にでも、生命・身体の安全、財産権など、さまざまな権利がある。通常、これを別の誰かが侵害した場合、違法行為であり、犯罪になります。これを当事者同士が解決しようと思うと、むずかしい。犯人が凶悪で腕力が強く、被害者が弱者で自分で自分を守れない場合、正義が実現できなくなります。そこで、政府（警察や裁判所）がこうしたケースに一律に対応して、弱者の側にたち、正義を実現しようとする。

現に被害が生じてしまった場合は、裁判による正義の実現を期待して、被害者は自分で対抗措置をとってはいけない。この意味で、暴力は国家権力が独占している。

しかし、いままさに加害者が自分の生命・身体を脅かそうとしている場合は、自分自らが対抗措置をとることができる。これを、**正当防衛**といいます。

緊急非難は、これと似ている。相手から攻撃された場合でなくても、自分（や子どもなど）の生命・身体の安全が脅かされている急迫の場合は、自分が他者に加害行為を行なうことが例外的に許される。それは、違法とはならないのです。これが緊急避難で、日本の刑法にもその規定があり、第三十七条につぎのように記されています。

自己又は他人の生命、身体、自由又は財産に対する現在の危難を避けるため、やむを得ずにした行為は、これによって生じた害が避けようとした害の程度を超えなかった場合に限り、罰しない。ただし、その程度を超えた行為は、情状により、その刑を減軽し、又は免除することができる。

たとえば、火事になって逃げ遅れそうな状況を考えてみましょう。非常階段から避難しているとき、前方に、狭い非常階段をよたよた歩いているおじいさんがいた。おじいさんの後ろからゆっくりついていったのでは二人とも火に巻かれてしまう。そこでおじいさんを非常階段から蹴落として、自分は駆け下りて助かった。道徳的には議論の余地のある行為だが、問題は、法律のうえからこれを犯罪として裁けるかどうか。

蹴落とした人は、おじいさんの権利を侵害しています。これは通常だったら犯罪です。しかしこのケースが緊急事態だと判断されれば、蹴落とした行為は「緊急避難」だったとして罪に問われないのです。

緊急避難は正当防衛と似ていますが、異なる点もあります。正当防衛は相手に違法行為がありますが、緊急避難の場合、相手は違法なことをしていない第三者。しかし議論の構成は似ていて、ふつうのやり方で本人の基本的人権が守られないような場合、特に生命・身体の安全が脅かされるような**急迫の場合に、いわば自然状態になるので、自力救済が認められる**と考えるわけです。

＊

同様に、政府も、緊急事態に見舞われた際には、自分の存続が脅かされ、いわば自然状態が露出してくる。緊急事態を放置しておいたのでは、この国の人民の生命・身体の安全など、もっとも基本的な利益を守ることができない。そこで政府は、ひとつの団体としての人民の利益を代表し、主権者である人民に代わって、適切な措置をとらなければなりません。その際に、通常の法律はカッコに入れられて機能を停止しているけれども、緊急事態の措置なので、それは認められる。ただし、その状態が本当に緊急事態だったかどうかは、緊急事態が過ぎ去ってから、あらためてゆっくり考えましょう、というのが国家緊急権のロジックです。

このロジックを、嚙みくだいて整理しておけば、

一、緊急事態が現にあり、人民の生命・身体の安全など基本的権利が脅かされている。
二、通常の憲法秩序（平時の法・政治・経済・社会システム）では、人民の基本的権利を守ることができない。
三、人民自身が、自力救済によって自らを守ることもできない。
四、そこで、政府・国家機関が、人民に代わって、人民の基本的権利を守るための緊急措置

を、憲法や法令の定めがあるか否かにかかわらず、実行する。（これが、国家緊急権の発動。）

五、このことは、人民が政府に、暗黙の権限委譲を行なったと解釈できる。

六、しかし政府・国家機関の国家緊急権の行使が正当だったことを、事後的に立証する必要がある。正当でなかった場合には、適切な是正措置や処罰が必要である。

七、以上を通じて、緊急事態を克服し、正常な憲法秩序に復帰することを目的とする。

およそこういう論理で、国家にも緊急避難のロジックが当てはまるわけです。

そして、この論理が、国家緊急権が「権利」であるゆえんです。つまり個人の場合、緊急避難が権利として認められるのと同じように、政府にも人民の利益を守るため、緊急避難の権利として国家緊急権が認められるのではないか。

個人の場合、緊急避難があくまでも例外であるように、国家緊急権もあくまでも例外です。国家緊急権は、憲法秩序が脅かされたときに、憲法秩序を守るため、憲法秩序のロジックにしたがって、一時的に憲法秩序の例外状態に入り、例外状態を通過して、もとの憲法秩序に復帰する。これがわれわれの、国家緊急権に関する考え方でなければなりません。

緊急事態が発生しても、それに適切に対応し、元の憲法秩序に復帰すること。それが、国家緊急権を行使する目的なのです。

議会と裁判所は、国家緊急権をコントロールするか

国家緊急権をどのように行使するかを、憲法に定めて枠をはめるのか。国家緊急権を行使している最中に、たとえば議会や裁判所が、チェックを入れるのか。

国家緊急権が暴走しないように、憲法の規定にもとづいて、途中のチェックがあるといいような気がする。

けれども理屈で考えるなら、緊急事態とはそもそも、そういう政府機関のなかの調整をやっている時間がない場合のことをいいます。そんなことができるぐらいなら、緊急権なんかいらないのです。一刻を争うほんとうの緊急事態なら、憲法や法律に「議会や裁判所が緊急権の行使をチェックする」なんて書いてあっても無駄です。それを無視して、緊急権を行使せざるをえなくなる。

逆に言えば、三権分立などの原則のもと、政府機関を分立させて相互にチェックする平時のやり方が機能しないので、行政府のトップがすべての権限を一時的に行使するものだと、国家緊急権を想定しなければならない。

議会や裁判所は、国家緊急権をコントロールするのか。しないし、できないと考えるのが現実的だし、国家緊急権の考え方に合っている。国家緊急権を行使している最中にはコントロールし

ない。じゃあどうすればいいかというと、事前に、国家緊急権がどういうものかを決めておくことができる。そして事後に、国家緊急権の行使がどう具体的に行なわれたかをチェックし、憲法秩序を回復するための適切な措置をとり、行政府の責任を追及する。*これが、議会や裁判所が果たすべき役割だと思います。

だから、いちばんよさそうなのは、事後的に議会や裁判所が国家緊急権をどうやってチェックするかということを、事前に決めておく。これが現実的だと思います。なにかヘンテコな言い回しになっていますけど、言っていることわかりますか？　たとえば、サッカーのゲームの前に、もし誰かが手でボールをゴールに投げ込んだ場合、どうするかを決めておく。サッカーは足でボールを蹴る競技です。だから足で蹴らなければだめなんだけれど、もし足でなくて手を使ったらどうなるかを決めておいたほうがいい。そしたら、審判はこういうふうにして、レッドカードを出して、などなど。

心配なひとは、もし審判がそれに違反して、レッドカードを出さなかったら誰がどうするか、ということも決めておいたらいいと思うかもしれない。

そうすると、もっと心配なひとは、その誰かがルール通りに行動しなかったらどうすればいいか、が気になり始める。……というわけで、ルール違反に関してすべてを事前に決めようと思うと、際限がないのです。これは心配のしすぎというものです。

だからそれはやめて、適当なところで終わりにする。そこまで決めなくていいということは、サッカーのゲームが実行できるということ。人びとがサッカーのルールを信頼しているということなのです。

国家緊急権の場合にも、同じようなことが言える。国家緊急権は、端的に言って、緊急の場合に行政府が憲法を無視して行動すること。ルール違反です。じゃあ、議会や裁判所はどうしたらいいのか、いちおうのアクションを決めておく。けれども、それを、先の先まで、きちんと決め尽くすことはできないし、意味がないのです。心配のしすぎ。ただし、国家緊急権を発動して緊急事態が解消したあと、どうやって行政府のルール違反を処理して事態を収拾するか、元の憲法秩序に復帰するかということを、あらかじめよく議論だけはしておいたほうがいい。

国家緊急権は、民主主義を破壊するのか

国家緊急権のような超憲法的な権限が、無期限無条件で、誰かに与えられてしまえば民主主義は息の根を止められます。それは端的な独裁政治です。

国家緊急権は危険だけれど、民主主義を守るために必要だ。このように考えているなら、民主

＊ 一七七ページからの学説F、Gも参照。

主義は生きながらえる可能性がある。

その場合には、限定つきの国家緊急権を与える。そして行使して、緊急事態が解消したら、もとの民主主義に復帰するために、適切な手続きをとらなければならない。

これは、たとえて言えば、家庭内暴力（ＤＶ）みたいなもの。結婚するときには、夫婦は仲良くするはずだった。お互いの利益と幸せのために夫婦になるんだけれども、結婚してみたら相手に不満があって、つい夫が妻を殴ってしまった。暴力に及んだとする。これが無期限無制限に続くのなら、結婚は継続できないから、離婚になります。でも一回だけだ、ふだんはおとなしいひとなんですけれど、といった場合には希望がありますね。家庭内暴力というあってはならない出来事があった場合に、それをどう修復するか。まあ、二度としませんと謝るとか、カウンセリングを受けるとか、事後的に相談して、元のさやに収まるように手順を踏んでいく。事前にその手続きを決めておくというものでもないでしょう。決めておいてももちろんいいんですけど、だからといって、家庭内暴力が防げるものでもない。予定通りにならないのが、家庭内暴力なのです。

国家緊急権も同じで、毎回、緊急事態のあり方は違うのではないか。だから予想しにくい。あるときはパンデミック。悪質な疫病が流行して、人びとがバタバタ死んでいく。あるときはテロリストの活動。悪質な破壊活動によって、人びとの生命や安全が脅かされる。あるときは、経済破綻。思いもよらない出来事によって経済活動の根幹が破壊されていく。などなど。放置しておいたら人びとの生命・安全・幸福が重大な侵害を被《こうむ》るときに、通常のやり方ではないやり方で、政府が行動しなければならないかもしれない。そういうケースはみな、緊急事態です。事前の研究は必要だとしても、その出来事が起こるまでは、わからないんです。出来事が起こったら、手探りで行動する。やり直しのきかない、真剣勝負です。その危機が過ぎ去ってから、必要な復旧措置を行なおう。国民にしてみると、家庭内暴力（ＤＶ）のようなものである。ＤＶと違うのは、国家緊急権の行使が必要で、国民の利益にかなう面もあること。でも、暴力（法秩序の侵犯行為）であることには違いはない。

暴力（法にもとづかない権力の行使）は、民主主義にはあってはならない。あってはならないけれど、起こりうる。それを、民主主義の原則にもとづいて、事後的に解決していこう。これが、国家緊急権の事後問題だと思います。

第5章

国家緊急権と安全保障

安全保障とはなにか

さて、これまで議論していなかったことがらで、緊急事態と関連が深いものに、安全保障の問題があります。

安全保障とは、柔らかい言い方ですが、要するに、**戦争**ということです。十九世紀以来の歴史を見てください。西欧世界では国民国家がつぎつぎに成立し、それらが主権国家として、国益をかかげてほかの国々と戦争をした。

十九世紀、二十世紀の戦争をまとめてみると、

一、**国民軍ができた。**

国民軍は傭兵《ようへい》ではありません。十八世紀までの軍隊は、絶対王政の国王が抱える傭兵で、人数は五万人がおおよその上限。お金がかかったのです。そこでなるべく、決戦を避けるように行動した。これにひきかえ国民軍は、プロではなくてアマチュアで、召集令状でいくらでも集められた。軍人の大部分は陸軍です。陸軍は軍服と鉄砲と兵糧《ひょうろう》があれば戦える。海軍と違って、そんなにお金もかからない。そして戦場では、人数がものをいう。敵軍の二倍の兵力があれば、まず負けることはないと言われていた。そこでどの国も、国民を根こそぎ兵隊に動員し、前線に送り出すようになった。そこで戦争の規模が大きくなり、決戦型になり、主力と主力が衝突して雌雄を決する殲滅《せんめつ》戦が主流になりました。普墺《ふおう》戦争（プロイセンとオーストリアの戦争、一八六六年）、

普仏戦争《ふふつ》（プロイセンとフランスの戦争、一八七〇－七一年）、などがこの種の戦争の典型だと言っていいと思います。ということで、

二、**決戦が主流になった。**

戦争というのは、ある意味、緊急事態です。敵軍が攻めてくれば、国境が侵され、国内が敵軍の支配下になる。物資も通常のように売買するのではなく、配給や統制になるかもしれない。民間の産業部門から大勢の人びとが引きぬかれ、軍属として軍の業務に従事する。平時では考えられないようなさまざまな出来事が起こり、それを政府がコントロールしていかなければなりません。戦争をうまく乗り切らなければ、政権がもたないどころか、国家そのものが解体してしまう場合さえある。

そこで、戦争を緊急事態と考え、戒厳令を施行したり、特別な国家態勢を組んだり、ということはよくあったのです。

逆に言えば、外国との同盟や安全保障条約によって、戦争にまつわる危機を安定させ、大きな問題にしないように抑えこむことができる。たとえば、戦後のわが国が安全保障の面で深刻な危機に陥らず平和を享受できたのも、憲法のおかげというより、日米安保条約（軍事同盟）のおかげだったのです。すなわち、

三、**軍事同盟が、安全保障の主軸になった。**

そこで日米安保条約と国家緊急権の関係について少し整理しておいたほうがいいと思うのです。

講和条約と憲法

まず、憲法と条約の関係について、私の理解を述べます。

憲法は、国の基本法です。政府の構成と権限を決める。主権者である人民と政府との契約である。これに対して条約は、ある国と別な国とが契約を結ぶこと。その結果、その国（国民と政府）が拘束されます。その**国を拘束するという意味で、条約は、憲法と類似の作用を持つ**と言えるのです。

これだけでも驚くべきことですが、さらに踏み込んで、憲法より以上の拘束力をもつとさえ言える。

とまで言うと、ほんとうにそうかと疑問に思うでしょうから、さらに説明します。

憲法が、その国の最高法規であることに、間違いはないのです。が、憲法は、その国の人民の意思によって、別な憲法に変更することが可能である。憲法の効力は、その国の人民（主権者）が自ら（の樹立する政府）を拘束しようとする意思にもとづいており、その意思に従属する。ゆえに、その意思を発動させて、憲法を改正することができる。その際、外国に断る理由も必要もありません。その国の内部の問題として、自由に行なえる。

これにひきかえ、条約の場合、いったん結ばれた条約は、いっぽうの当事者（ある国の人民や政府の意思）だけによっては、書き換えることができない。もういっぽうの相手国の同意がないと、その条約上の義務から離脱できない。相手国があるという点で、憲法よりも、拘束力がまさるのです。

例をあげれば、日米和親条約や日米修好通商条約。幕末にアメリカから黒船がやってきて、江戸幕府と条約を結び、日本は開国しました。外国が関税の税率を定めるなど一方的な内容だった。関税自主権を失うという、不名誉で不利益な条約を結んでしまったことになります。これは幕府（当時の日本政府）の無知からくることでしたけれども、条約は双方の合意に基づくので、いったん結ばれた条約は順守しなければなりません。このあと幕府は政権を失い、代わって明治政府が成立しました。明治政府は、幕府に反対し、実力で打倒した。いわば革命です。革命の結果、明治政府は、幕府が結んだ条約から自由になったのか。聞いていない、知らないと居直る道もあった。でも、政府が交代しても、条約上の義務はなくならない。これが国際法のルールです。これを当時は、万国公法といった。いったん結んだ条約を、日本の一存で変えることができない。しまったと思ったけれども、独立国の尊厳にかけて、我慢する。条約は、その国の政府を拘束するように見えて、実はその国の人民を拘束しています。そこでその国の人民が、新しい政府を樹立したとしても、前の政府が結んだ条約は継承される。当時の日本人はこのことがよくわかっていました。そこで明治政府は、条約を破棄したりせず、条約改正によって関税自主権を取り戻すことを目標に、忍耐づよく、政治と外交を進めたのです。まことに正しい。その結果、日露戦争に勝利したあと、ようやく条約を改正してもよいという諸外国の同意を取り付けることができた。不平等条約を改正しようという運動の一環として、大日本帝国憲法も制定されています。憲法が制定されて、それまでの専制君主制は立憲君主制に変わったのですが、諸外国と結んだ条約は、日本の政体のいかんにかかわらず、ひき続き効力をもって、日本に義務を課している。ゆえに条約は、憲法と同等かあるいはそれ以上の拘束力を持つ、とも言えるのです。

条約が憲法以上の拘束力を持つことがはっきり目に見えるのは、戦争後に結ばれる平和条約です。平和条約は多くの場合、国境を確定し、戦後秩序の出発点となる。戦後の日本にとっては、サンフランシスコ講和条約。この条約は、日本の国境をどう取り決めているかというと、ポツダム宣言や日本の降伏条約を踏まえ、ポツダム宣言はカイロ宣言に言及し、カイロ宣言は日本の領土の範囲を、現状のとおりに定めています。*台湾も朝鮮半島も、もちろん満洲も、入っていません。サンフランシスコ講和条約を結んだ日本は、日本の領土・領海が、日本列島および付属する島々であると、合意しているのです。

日本国憲法には、日本の領土がどこまでであるかという規定がない。カイロ宣言、ポツダム宣言に書いてあるし、講和条約に書かれる予定であるから、書く必要がない。そもそも日本の憲法に、書くことができない。かりに日本国憲法が改正されて、これこれの場所が日本領土だと決めても、国際的にそんなことは認められないでしょう。このように考えてみると、サンフランシスコ講和条約は日本国にとって、憲法以上の拘束力を持った根本法規（いちばん広い意味での憲法）だと考えるべきなのです。

日米安保条約と憲法

さて、サンフランシスコ講和条約の調印の当日、吉田茂全権はアメリカ側に呼ばれて、日米安全保障条約なるものを見せられた。そして言われた、これに調印しろ。日本にひき続き米軍の基地を置くことや、アメリカが日本を防衛することなどが取り決めてある。そして、これに調印することが、講和条約に調印するための条件である。そうやって、有無を言わせず、日米安保条約を結ばせられた。条約を結んだ以上は、日本の意思だけでこの条約を改正することはできない。一九六〇年に一度改正され、その後は自動的に延長されて、今日に至っています。

日本国憲法と日米安保条約の関係を考えてみます。

＊　カイロ宣言は、アメリカ・イギリス・中国の首脳がエジプトのカイロで発表したもの。日本に対する無条件降伏を要求すると同時に、降伏後の日本の領土を「本州、北海道、九州及《および》四国並《ならび》ニ吾等《われら》ノ決定する諸小島」とした。

日本国憲法は、第九条で戦争を放棄し、軍隊を置かないこととし、国際紛争を解決する手段として武力に訴えないことを誓っています。ふつうなら、軍隊のない丸腰の国ということになり、他国が思うまま侵略してよいことになりそうです。でも現実は、そうではない。どうしてかと言えば、一九五一年のサンフランシスコ講和条約の締結までは、連合軍（主としてアメリカ）が日本を軍事占領していた。日本に軍隊がなくても、占領軍がいたのです。そんなときに攻めてくれば、アメリカとの戦争になってしまう。そんな無謀なことをする国はどこにもいない。そして講和条約を締結して、日本が独立したあとは、日米安保条約が結ばれて、ひき続きアメリカが日本を防衛している。やっぱりどの国も、攻めてこない。

結論。第九条は日米安保条約と、セットなのです。日米安保条約は、広い意味での憲法の一部である。憲法の条文だけをみて、九条単体で日本の安全保障を議論しようとする護憲派も、九条を改正すれば話がすむように考えている改憲派も、リアリズムからほど遠いことを理解しないといけない。

安全保障に関しては、日本は実際問題として、米軍に守られていて何の心配もありませんでした。今後も日米安保体制が継続していくのなら、日本が安全保障上の問題で、緊急事態に備えたり、国家緊急権を発動したりということは、必要ないばかりか、かえって有害でさえあると思う。直接・間接の軍事侵略については、日米安保条約が機能する。こう考えてよろしい。これが機能しないのは、相手がテロリストのような非正規の武装集団である場合や、相手が破綻しかかった冒険主義的国家で、非合理な行動をし、核兵器や大量破壊兵器を持っている場合に限られる。

この種の脅威は二十一世紀になって、その可能性が少しずつ増えてきています。日米安保条約ではカバーできないタイプの軍事攻撃や脅威については、憲法の枠内や、場合によると憲法の枠を超えた緊急事態を想定して、対応を考えるべきだと言えると思います。

日本国憲法にはなぜ、国家緊急権の規定がないのか

日本国憲法はどこを読んでみても、緊急事態に対応する規定がありません。強いていうなら、参議院の緊急集会なのですが（二一一ページの第五十四条参照）、これは緊急事態に対応する規定ではない。衆議院が解散している最中に、必要があった場合に、参議院がその権能を代行できると定めている。あとで衆議院が開かれたら、その承認が必要です。緊急事態にさいして、政府の権限を一カ所に集中するためのものではない。

大日本帝国憲法には、日本国憲法と違って、緊急事態に対応する規定がいくつもありました。順に確認してみると、

第八条　天皇ハ公共ノ安全ヲ保持シ又ハ其ノ災厄ヲ避クル為緊急ノ必要ニ由リ帝国議会閉会ノ

場合ニ於テ法律ニ代ルヘキ勅令ヲ発ス
〔第二項略〕
第九条 天皇ハ法律ヲ執行スル為ニ又ハ公共ノ安寧秩序ヲ保持シ及臣民ノ幸福ヲ増進スル為ニ必要ナル命令ヲ発シ又ハ発セシム但シ命令ヲ以テ法律ヲ変更スルコトヲ得ス
〔中略〕
第十四条 天皇ハ戒厳ヲ宣告ス
② 戒厳ノ要件及効力ハ法律ヲ以テ之ヲ定ム
〔中略〕
第三十一条 本章〔引用者注：第二章　臣民権利義務〕ニ掲ケタル条規ハ戦時又ハ国家事変ノ場合ニ於テ天皇大権ノ施行ヲ妨クルコトナシ
〔中略〕
第七十条 公共ノ安全ヲ保持スル為緊急ノ需用アル場合ニ於テ内外ノ情形ニ因リ政府ハ帝国議会ヲ召集スルコト能ハサルトキハ勅令ニ依リ財政上必要ノ処分ヲ為スコトヲ得
〔第二項略〕

のようです。第八条が緊急勅令、第十四条が戒厳、第三十一条が非常大権（天皇大権）、の規定です。

これら緊急事態に関する規定は、

一、天皇が主権者であること

二、天皇が統帥権を持つ、軍があったこと

によっていた。憲法が機能せず、政府や議会が役割を果たせない場合（緊急事態）に、主権者である天皇（およびその側近と軍）が、その無能力を補う可能性があったのです。

日本国憲法には、主権者である天皇もいなければ、軍もない。そして、ことさら国家緊急権の規定を置かない、という選択をしていると思います。国家緊急権はしばしば、政治的な野心をもつ一部の人間が権力を手中に収め、自由に政局を運営するために悪用されてきた。そして、ナチスのような独裁政治を招いた苦い教訓もあった。ゆえに国家緊急権の規定を置くのは適当でない、と憲法を起草した人びとが判断したのだと思います*。

国家緊急権は、憲法秩序と民主主義の反対物に見えるわけですから、これは見識です。日本国憲法は、定着するかどうかわからなかったので、「憲法が最高位の規範で、政府職員は、憲法に無条件に従うべきである」という、常識を植えつける必要がありました。以来、半世紀あまり、

＊　一七九ページ以降の学説ＬからＱ、二一二ページ以降の「憲法に国家緊急権が明記されなかった理由」も参照。

憲法はともかくも定着し、むやみに憲法に違反しようという政府職員は出てこなくなった。国民の理解もそれなりに深まった。

そこで問題になるのは、政府職員が憲法に従っているだけでは、かえって国民を守ることができないかもしれないという可能性を心配しなければならなくなったことです。新しい事態だと思います。そこで、政府が憲法違反をしてまで国民を守らなければならない緊急事態が生じた場合に、どういうことが起こるのかを考えておく。これは、民主主義の「上級問題」ですね。昔なら考えないですんだかもしれないが、最近では考えておかないといけなくなった。それは民主主義の成熟のため、憲法秩序と民主主義を守るための課題なのです。

この問題を理解するため、有事法制や戒厳について、まず、考えてみましょう。

有事法制と戒厳

通常の法体系では対応しにくい事態（有事）が生じた場合にそなえて、あらかじめそのための法律を整えておくのがよいという考え方があります。いわゆる、**有事法制**です。

有事法制とはなにか。有事を具体的に想定して、それぞれのケースで政府職員がこう行動すべきだというルールを、あらかじめ法律で定めておく。この場合、行動するのは、自衛隊や警察など、関係する政府機関の職員です。

国家緊急権を法制化するのがよい、という考え方も、似たところがあります。通常の法体系（憲法秩序）では対応しにくい事態にそなえるため、緊急時のための法（憲法の規定）を設けておく、という考え方だからです。

では、有事法制と国家緊急権との違いはなにか。

有事法制は、政府機関の担当部署が緊急時に行動するのを可能にする、授権法の性格をもっている。授権法がないと、担当部署の政府職員は動けないからです。緊急事態を具体的に想定して記述する、そして、担当部署の政府職員がどう行動できるか（すべきか）も具体的に記述する。

有事法制が必要になるのは、たいていの政府職員が授権法を根拠に、行動するからです。日本には軍がないので、自衛隊もそうした政府職員と同様である。ゆえに、有事に際して有事法制を整えておかなければ、という議論になる。これに対して軍は、有事に際して、幅広い行動能力がある政府機関なので、わざわざ授権法を制定する必要がない。ゆえに、軍を擁する政府は、緊急事態に際してもかなりの対応能力を有することになります。

これに対して、国家緊急権は、別系統の発想によるものです。有事法制とどこが違うか。第一に、有事法制は、法律レベルの問題で、有事に対応する権限を担当部署の政府職員に与える。その前提として、憲法秩序は機能している。それに対して、国家緊急権の想定する緊急事態は、憲法秩序が機能しないケースです。法律レベルではなく、憲法レベルの問題である。第二に、有事法制が、担当部署の権限を強化する、という発想なのに対して、国家緊急権は、政府機関の一部に権限を集中する。権限を分散するのが、憲法秩序の基本ですから、その反対を行なうのです。これは臨時の、緊急の措置である。

以上の点が、有事法制と国家緊急権の違いです。

戒厳の考え方は、国家緊急権と似たところがあります。戒厳とは、政府機関（行政府、立法府、司法府）の権限を、必要に応じ期間や地域を限って、軍に移すことだから。つまり、権限を集中することだからです。

でも、戒厳と、国家緊急権とは異なります。戒厳は、軍政の一種である。軍に権限を集中する。それに対して、国家緊急権は、軍ではない政府機関（行政府）に権限を集中する。軍はそこで役割を果たすとしても、政府機関の指揮下にある。こういう違いがある。

有事法制や戒厳については、これまでにいちおう議論の蓄積がある。それに対して、国家緊急権については、議論があまりなされてきませんでした。[*1] そこで、基本のところから、議論を積み重ねる必要があるのです。

国家緊急権を、憲法で定めるべきか

国家緊急権を、憲法で定めるべきだという考え方もあります。

大日本帝国憲法には、その定めがありました。とくに、第三十一条の「非常大権」は、内容が特定されておらず、広範な天皇の権限を想定していました。実際に発動されることはありませんでしたが、仮に発動されたとしても、それが「合憲法的」だと言えることになります。

国家緊急権を、憲法で定めるのは、第一に、憲法に定めがあるので、国家緊急権を発動しても合憲である（憲法秩序に違反しない）こと。第二に、憲法に定めがあるので、国家緊急権の暴走を防ぐことができること。こうした利点があるからです。[*2]

これに対して、国家緊急権を、憲法で定めるべきではない（定めることができない、定めないほうがよい）という考え方もあります。[*3]

まず第一に、日本には軍がないけれども、在日米軍がいる。在日米軍は軍なので、緊急事態にかなりの行動力がある。この意味で日米安保条約は、外国の侵入にそなえる緊急事態法制の代わりになっています。ゆえに、この種の立法は必要ない。

第二に、緊急事態について憲法などで定めるとして、その想定のように緊急事態が起こるのか

＊1　数少ない例として、二一二―二一三ページ、二一四―二一五ページ参照。
＊2　一七八ページ以降の学説Ｉ、Ｊ、Ｋも参照。
＊3　一七七ページ以降の学説Ｆ、Ｇ、Ｈ、また、立場は逆だが、一七九ページ以降のＬからＱまでを参照。

という問題がある。想定外の事態が起こった場合に、憲法などに定めがない。そこで、憲法に緊急権の定めがあるにもかかわらず、それと無関係に、超憲法的に国家緊急権を発動することになる。どうせ超憲法的に国家緊急権を発動する結果になるのなら、憲法に定めをおいても無意味である、という議論です。

これは国家緊急権が、憲法内的な権力なのか、それとも、憲法を超えた権力なのか、という議論でもあります。

国家緊急権を憲法で定めることは、できる。定めがあるなら、それに従って、国家緊急権を発動する。その権力は、憲法の定めによる、憲法内的な権力であることになる。しかしその場合、憲法の定めは、憲法の性質上、権力を「拘束」することを目的にするから、緊急事態の条件や権力の発動について、具体的な「制約」(緊急事態についての想定)を設けるはずである。それなら、その想定をはみ出すような緊急事態が生じたら、どうすればよいのか。もしもその場合に、憲法に定めがないので、政府が行動できないようなら、そんな定めはないほうがよかったのではないか。また、その場合に、憲法に定めがなくても、政府が行動できるのであれば、やはりそんな定めは必要なかったのではないか。要するに、国家緊急権は、その本性からいって憲法を超えた権力であるから、憲法に定めてその規定のなかに押し込むことは無理があるのではないか。

世界の緊急事態法制をみると、憲法内的に国家緊急権を考える立場と、憲法を超えたものとして国家緊急権を考える立場と、両方があることがわかります（一八二ページ以降参照）。これは、国家緊急権を憲法内的な権力と考えるのがむずかしいことを示しています。

そこで以下、本書では、国家緊急権は、憲法を超えた権力であると考えて、議論を進めていきます。

戦争とテロは、どちらが対応しにくいか

テロは小規模です。戦争は大規模です。だから、戦争は軍に任せるしかないが、テロは警察で対応できるかもしれない。これがしばらく前までの常識でした。

ところが、大量破壊兵器をテロ組織が入手することを、心配しなければならなくなった。大量破壊兵器は文字通り、通常の兵器と違って、何十万、何百万、いや場合によっては億という単位で、人命の喪失を心配しなければならない。億となれば、日本の人口にもあたる。これまで、これだけ大量の人命が一度に失われたことはない。なんとしても避けなければならない事態である。これは明らかです。

さて、大量破壊兵器をテロリストが手に入れた場合、どういう事態を考えなければならないか。国家の行なう戦争と、テロリストの行動の違いを見なければなりません。

国家は、人民と政府からなります。政府の役割は、その国民の福祉を守ることです。これは、

独裁国家であっても同じで、独裁国家も、無政府状態とは違って、政府は警察と軍を擁《よう》し、人民の社会生活を支えている。大部分の国民がその国を支えようと思っていなければ、独裁国家だって崩壊してしまうのです。独裁国家の政府ですら、人民に責任を持っている。ましてふつうの政府はみな、その国の人民に責任を持っています。人民をむやみに危険にさらすことは絶対に避けるはずです。

そこで核戦争を考えてみる。ある国（A国）の政府が、核兵器を先制使用したとします。攻撃を受けた相手国（B国）の政府は、もし核兵器を持っていれば、反撃して報復するでしょう。この結果、最初の攻撃で、数十万にも数百万にものぼる被害が出る。報復攻撃でも、数十万にも数百万にものぼる被害が出る。報復攻撃は、国際法の認めるところです。

さて、A国の政府は、相手国であるB国の人民が死亡しても、直接の責任を問われない（と感じる）かもしれないが、自国の人民が死亡すれば、責任を問われます。よって、自国の人民が確実に大量に死亡することを予測しながら、相手国の人民を殺害することはしないはずです。これは、冷戦時代を通じて、米ソ両国が行動する際の原理だったし、多くの核保有国が、冒険主義的な国も含めて、核の先制使用をためらっている理由です。これが、核の均衡（バランス）でした。

核兵器は**抑止力**である。相手国が先制使用した場合、報復的に使用することはあっても、先制使用することはない。その破壊力とはうらはらに、核兵器は本質的に言って、防御的な兵器なのです。これが戦争と核兵器の関係、多くの国々の現実の行動です。化学兵器や生物兵器などの大量破壊兵器の場合にも、似たようなロジックが働きます。

この常識が通用しないのが、テロリストです。

訓練された職業的なテロリストの特徴は、単なる「組織」であること。政府ではないし、人民もいない。人民に対して、責任をもたなくてよい。人民に対しても、いやおよそ誰に対しても、責任をとらないのがテロリストです。人民がいないので、大量破壊兵器を使用しても、責任を追及されないし、報復に彼らの人民を殺傷することもできない。だからテロリストは、向こう見ずな、冒険主義的行動がとれるのです。

二〇〇一年九月十一日に、ニューヨークのワールドトレードセンター（ツインタワービル）が攻撃されると、ブッシュ大統領は「これは戦争だ」と言った。そして「米軍を使って直ちに報復する」と続けてのべたのですが、この「戦争」という言葉を文字通りに理解しないといけない。

犯行声明によれば、これはアルカイダの犯行。アルカイダはテロ組織で、領土も人民も持たない、各地に点在する武装勢力にすぎない。不法な武装勢力を取り締まるのは本来なら、警察の仕事です。でも警察は、外国では行動できません。テロ組織は、現地の警察力が弱体な国を選んで、本拠をかまえている。そこで、外国でも行動できる米軍の特殊部隊が主役となって、各地に展開しているテロ組織を逮捕（というよりも、見つけ次第に殺害）していったのです。テロ組織のメンバーの身柄をおさえた場合には、不法な戦闘員として、国際法の保護（捕虜としての待遇）がないものとし、グアンタナモ基地に連行して、しばいて痛めつけて、必要な情報を自供させようとしたんですね。アメリカはこれを、国際法上許されるとしている。いっぽう人権団体は、拘束された人びとの人権を守れ、と主張しています。ともかくこうやって、国際法上疑義のあるかたちであろうと、テロ組織を追及しなければならない。

テロ組織が一カ所にまとまっていれば、その拠点を攻撃すれば作戦は終了です。一カ所ではなくバラバラに散らばっている場合、しらみつぶしに見つけて攻撃しなければならないわけだから、とても手間がかかる。しかもテロリストの人数を合計しても、そう大勢ではない。かりに大量破壊兵器で十万、百万、一千万人の人間が被害を受けることになるとしても、その実行犯は十人、百人、一千人のレベルです。彼らが命がけで攻撃してきた場合、その実行犯の大部分を捕らえて裁判にかけたり処刑したりできるとしても、もとより覚悟のうえのことなので、彼らはひるまない。捕らえそこねた実行犯が、テロを実行するだろう。その被害を抑止する方法がないのです。

抑止する方法がないということは、対応が難しいということを意味します。そこで、テロ行為には基本的に、対処する方法がないと考えなければならない。

テロへの対応

テロ行為が生じた。または、テロ行為が切迫している。これは、緊急事態ですけれど、それに対する対応は、報復ではなく、被害がこれ以上拡大しないように抑止すること。これにつきます。

大量破壊兵器といえば、核兵器や核物質、生物兵器、化学兵器などがあります。

化学兵器は、毒性の物質ですが、多くの場合すみやかに分解されてしまうので、後遺症に悩む人びとをケアし、被害地域を正常に戻すことが必要な対処です。化学兵器の特徴は、生物にしか作用しないので、建造物や都市の社会インフラは無傷だという点です。もともと化学兵器はこういう理由で、敵の兵器や施設や都市をそっくりそのまま手に入れようという目的で作られた。

生物兵器も同じで、感染症で兵士や民間人が死亡していきますが、しばらくすると病原菌はいなくなって、これまで敵がいた場所がそっくりそのまま手に入る。インフラが破壊されないということは、再建が容易だということです。

核爆弾は違います。核爆弾は、戦闘員も民間人も見境なく、社会インフラそのものもまるごと破壊してしまう。残留放射能もあります。そこで、核爆弾が使われた場合、被災地域の復旧はきわめて困難です。

核爆弾よりもっとやっかいな、汚い爆弾《ダーティーボム》(dirty bomb)というのもある。これは、プルトニウムなど分裂性核物質を手に入れたテロ組織が、核爆弾をつくるかわりに、もっとずっと簡単な爆弾みたいな装置をつくって、核物質をまき散らすこと。プルトニウムはドラム缶に詰めてあれば、放射線は出てこないので、運搬は容易である。そして粉末なので、これをばらまいたとすると、プルトニウムは半減期がきわめて長時間なので（プルトニウム239は、放射能が半分になるまで二万四千年かかる）、環境に放射性物質が残留して、除去する方法がほぼない。汚染地域は、半永久的に立入禁止になってしまう。たとえば関東平野が、立入禁止になったと考えてみて下さい。ある意味、核爆弾よりも恐ろしいのです。

テロリストがこういう手段を使った場合、東京やニューヨークのような大都市を、破滅させ地図から消してしまうこともできる。被害ははかりしれない。これに対して、打つ手がないのです。こういった事態さえ想定しなければならないというのが、これからの緊急事態です。

戦争は、合理的に行なわれます。合理的に行なわれる以上、相手をコントロールすることができる。テロは、合理的に行なわれません。予測することも困難だし、被害に対応することも困難です。

以上を踏まえると、テロが最も対応が厄介《やっかい》です。そして、テロに対する対応は、テロが生まれる要因を特定して、取り除いていくしかない。

誰がどういう理由でテロリストになるのかについての確実な知識。これはたぶん、社会学の領域です。社会心理学や、臨床医学やも役に立つかもしれない。どんな学問のどんな理論でもいいのですが、**テロリストが生まれる要因を突き止めて、その要因を除去し、テロが起こらないよ**

うにする。これ以外に考えられない。そうした要因はおそらく、差別、不公正、希望のない困難、格差意識、宗教的偏見、といったものでしょう。苦境にある人びとにマイナスのレッテルを貼って、その人びとをさらに心理的に逃げ場のない状態に追い込んでいく。そういうメカニズムだろうと想像されます。こういうメカニズムが働けば働くほど、追い込まれた人びとは、自己主張するために、いっそう通常ではない方法に頼らなければならない。そして、その通常ではない暴力行為を正当化するための、信念体系が紡《つむ》ぎだされます。この信念体系は、どんなものでもいいのです。

これがテロの本質だとすれば、こういうテロの可能性はいま、先進国や途上国のいたるところに拡がっている。

緊急事態・危機管理は、しばらく前から、まったく新しい段階に入っている。大量破壊兵器が、冒険主義的な国家や独裁国家に広まるだけでなく、国家ですらないテロリストのあいだに拡散していく、という問題です。

通常の手段（銃器、凶器、自動車、そのほか）による暴力事件は、それこそいたるところでしょっちゅう発生している。これらは痛ましい事件であるが、そして犯人の抱いている憎しみは恐るべきものであるが、国家緊急事態とは結びつかない。治安の問題である。通常の手段を超え、大量破壊兵器と結びついて国家緊急事態をひき起こすことがないように、政府は細心の注意を払わなければならないのです。

第6章
国家緊急権と経済危機

ハイパーインフレとはなにか

自然災害や戦争やテロだけでなく、経済も、緊急事態をひき起こします。その代表的なものが、ハイパーインフレです。[*1]

緊急事態とは、通常の方法では、人びとの生命・安全・幸福が守れないような突発的な出来事のことをいうのでした。自然災害、戦争、人為災害（大規模な事故）、テロリストの攻撃、疫病の蔓延（パンデミック）など、いろいろあります。この突発的出来事の種類と性質によって、その対応（政府がどう行動すればよいのか）はまるで違ってくる。そこで、政府は、緊急事態のそれぞれについてシナリオを考え、対策を練って、どう国家緊急権を行使しなければならないか（あるいは、行使しなくてすむのか）について、事前に準備しておく必要があるのです。

さて、経済は、どういう場合に緊急事態をひき起こすのか。経済は、取引（双方の合意にもとづく契約）の集まりですから、本来市場では、社会や政府に危害をおよぼす突発的な出来事が起こるはずがない。その例外は、悪性のインフレである。通貨供給量を政府がコントロールしているのだが、政府がなにかの理由でそのやり方を間違えると、恐るべき悪性のインフレが生まれる場合がある。

インフレとは、すべての財[*2]の価格が一様にほぼ比例的に上昇すること、をいいます。（裏返せば、貨幣価値のみが下落していく現象です。）特定の財の価格が上昇しても、ほかの財の価格が下落するなどしていれば、それは特定の財の価格上昇であって、インフレとはいわない。

なかでも、インフレの度合いが極端である場合（たとえば、年率二〇〇％を越える悪性のインフレ）を、**ハイパーインフレ**といいます。

インフレの反対は、デフレで、すべての財の価格が一様に比例的に下落すること、をいいます。これは、貨幣価値が上昇することを意味します。

政府が恐れなければならないのは、悪性のインフレです。

いま日本は、デフレで苦しんでいる。デフレは慢性病のようなもので、緊急事態ではない。デフレを克服するには通常の経済政策で充分。通常の法律や政策や、によって対応すべきであって、緊急手段などいらない。デフレは困ったことではあるが、それ以上あまり心配する必要がない。

いっぽうインフレは、急速に進行する悪性のインフレ（ハイパーインフレ）に移行する可能性がある。現に過去、いくつもの国でハイパーインフレが起こっている。日本でも、戦後の混乱期に、極端な物資不足と流動性（通貨）の過剰から、ハイパーインフレみたいな状態を経験しまし

＊1　ハイパーインフレーションの略。インフレ（インフレーション）の著しく激しいもの。本文でも触れるドイツのほか、大革命下のフランス、南北戦争下のアメリカにおいても生じた。

＊2　経済学の用語で、所有したり使用したりすることに価値や意味のあるもの。

た。これは、預金封鎖や新円切り替えなど、緊急の荒療治で乗り切った。

経済はさまざまな理由で混乱しますが、経済的混乱には、経済危機と経済危機でないものとがあると思う。たとえば、戦争で空襲があった。家が焼けた。資産が失われて社会インフラも破壊された。工場が焼けた。企業の資産が失われて職場がなくなった、経済主体が活動できなくなった。経済がずたずたに壊されます。壊れ方の程度によって、どれほど経済が混乱するかもいろいろでしょう。どうやって回復するかもなかなか大変。でも、空襲のようなものは経済危機とは言えないのです。どうしてかというと、その原因が経済の外部にあるから。経済外のことがらによって、経済に影響が及んでいるわけです。混乱の原因が取り除かれれば、経済は自律的なロジックで立ち直っていく。少なくとも、そう期待できる。

これに対して、ハイパーインフレのような場合は、自然災害とも戦争とも違って、経済外にこれといって大きな原因がないのです。経済システムに内在する問題によって、経済が自ら危機を招いている。この危機を自律的に乗り越えるロジックが、経済システムに内蔵されていない。放っておくとどんどんひどくなる。一刻も早く手を打ったほうがいい。

けれども、近代社会の原則は「政経分離」ですから、経済主体は経済的自由をそなえている。この自由は、個人や法人が持っているもので、さまざまな権利からなる。まず、所有権。所有している財を、自由に使用・収益・処分する権利がある。つぎに、契約の自由。人間（自然人）や法人は（公序良俗や公共の利益に反しない限り）、互いにどのような契約を結んでもいいという自由があって、この契約は、第三者に対して保護される。その保護を、国が与える。そのほかにも、会社を設立したり、不動産を登記したり、労働者を雇用したり、さまざまな行為が可能で、それに法的保護が与えられている。この、ほぼ自動的に法的保護を与えられるということをもって、経済が政治（政府）から自立しているという、政経分離の原則が成り立っているわけです。政経分離の原則が成り立たなければ、資本主義、近代経済が成り立たない。つまり、政府は経済に口を出さないわけですね。デフレになったりインフレになったりするのは、市場法則によるわけなので、これにも政府は口を出さない。

そうすると、インフレを黙って見ている、ということになります。

しかし、ハイパーインフレには、恐るべき害悪が伴っている。

インフレの定義を、大事なことなので、もう一度繰り返しておきましょう。インフレとは、**すべての財の価格が一様に上昇すること**でした。（一部の財の価格だけがどんなに上昇しても、インフレとは言わないのでした。）「すべての財の価格」の中には、賃金も入ります。労働力の価格ですね。すべての財の価格が一様に上昇することの裏返しは、貨幣の価値だけが継続的に下落すること。これはインフレの、もうひとつの定義です。貨幣価値の下落と、インフレ（すなわち、物価の比例的上昇）とは、定義上、同じことの表裏なのでした。

ではつぎに、インフレがこのようなものであるとして、インフレは有害なのかどうか。

貨幣が商品交換の手段であって、それ自身は商品でないという立場に立つならば（貨幣名目説）、貨幣単位は何であってもよいわけだから、貨幣の量は経済に対して中立である。インフレであろうと逆にデフレであろうと、経済実態には関係なく、ゆえに無害である。単純なモデルでは、こういう結論がいちおう成り立つ。商品の価格が上がっても、それにつれて賃金（労働力商品の価格）も上昇するわけですから、経済活動に支障はない。商品の交換比率には変化がないからです。

しかしこれは、最単純なモデルでの話にすぎない。実際にはこのように行きません。どういうことなのか。たとえば、商品のなかには、資産もある。資産は、現在の市場で産み出された商品ではなく、過去の市場で獲得された商品である。それが経済的価値をそなえたまま、現在の市場にもたらされた。貨幣にもこのような性質があり、「価値の保蔵手段」として機能します。資産（ストック）と現在時点での取引（フロー）の両方によって、経済活動は成り立っている。そして資産も考慮すると、インフレの害悪がよく理解できる。

資産のひとつに、預金や債券があります。預金（デポジット）は、現金を銀行に預けてあるもの。引き出して現金に戻すことができるが、預けた金額（プラス利子）が払い戻される。債券（ボンド）は、債権-債務関係を証券化したもの。契約の一種で、お金を貸してあるという状態です。満期になれば債券の所有者に額面で現金が支払われることになっている。国が発行する債券を国債、地方自治体が発行する債券を地方債、私企業が発行する債券を社債、などというのでした。これらの債券は、個人や銀行や企業に保有されていて、債券市場で売買される。このほかにも、資産には、株券、年金、動産・不動産、現金など、さまざまな形態のものがある。

これら資産のうち、現金や預貯金、債券は、貨幣で量られるので、インフレで貨幣価値が下落すると、それにつれて実質的な価値が減少する、という性質がある。現物資産がモノであって、インフレとともに価格が上昇するのと、対照的だ。そこでもし、資産の大部分を預貯金や債券で持っているひとがいたとすると、インフレにともなってその価値が目減りしてしまう。これは、金融資産の特徴です。これを裏側からいうと、負債を負っているひとの場合は、インフレによって負債が圧縮され、経済状態が改善する。すなわち**貸し手から借り手に、不合理で強制的な資源の移転が起こるのが、インフレ**である。銀行ローンで自宅を新築したAさん。一〇〇%のインフレで貨幣価値が二分の一になったならば、ローンも二分の一になった*。まる儲けです。現金で自宅を買ったBさん。この人は実物資産が値上がりするので、住宅の価格が二倍になった。でも実質的には損得なし。友だちに三千万円貸していたCさん。三千万円は返ってきますが、インフレ

＊　一〇〇%のインフレとは、価格が一〇〇%上がるということ。百円のものが二百円になるということは、一円の価値が半分になった、ということです。

が一〇〇％だとすると、実質的には半分しか返ってこないのと同じです。大損です。では、年金生活者はどうだろうか。毎年二百万円の厚生年金をもらっていたＤさん。一〇〇％のインフレで、物価が二倍になった。年金額は、毎年計算することになっていて、物価スライド条項がついているので、前年と同じに支給されて実質半分になるということはない。けれどもまるまる値上げしてもらえるわけでもないでしょうから、給付はかなりの目減りを覚悟しなければならない。

結論。インフレは経済に中立的なわけではなく、ある人びとには大きな利益を、別の人びとには大きな不利益を生み出す。そのぶん、確実に経済を歪めてしまう。社会的不公正を拡大する猛毒です。

ハイパーインフレといって想い起こすのが、第一次世界大戦後にドイツ（ワイマール共和国）で起こった悪性のインフレ。物価が十倍、百倍などというなまやさしいものではなく、一兆倍という天文学的数字に達した。これがなにを意味するか。簡単のため、物価が一万倍に高騰したとする。貨幣価値は一万分の一になった。これは、一万円の預金があったひとはそれが一円になってしまった、二千万円の国債を持っていたひとは、それが二千円になってしまった、というのと同じ。預貯金や債券の価値は事実上ゼロになってしまった、ということです。つまり、人びとの持っている金融資産はすべて蒸発してしまう。ハイパーインフレとは、金融資産はなかったものにしましょう、という意味です。

日本国はいま、一千兆円あまりの借金（国債発行残高）を抱え、地方債ほかも加えると一千五百兆円にもなっている。かりにハイパーインフレが起こったとすると、この借金がなかったことになってしまう。インフレによる貨幣価値の減少が、借金の返済と同じ効果を生むわけです。ハイパーインフレによって、国は国債を返済し終わった状態になる。国は嬉しくてしょうがないかもしれない。私だって借金がチャラになるんだったら嬉しい。でもそのかわり、日本国民の一千五百兆円の貯蓄（金融資産）は、実質ゼロになってしまう。国民から政府への、**一人当たりおよそ一千万円**の、資源の移転が有無を言わさず起こることになる。

こんなことが、実際に起こるのか。専門家のあいだでも意見が分かれているけれど、このまま国債の発行残高が増え続けていけば、いずれ破局的な状態を迎えるに違いないという点で、意見が一致している。遅かれ早かれ、確実に起こることなのです。

その日を境に、預貯金を中心とする国民の金融資産は、バブルのように消えてしまう。銀行や一部の企業は、倒産して跡形もなく消滅してしまうかもしれない。では、何が残るか。人びとの生命が残る（自殺したり、ショックで死んでしまったりしなければ）。健康が残る。家族が残る。住んでいる家は残る。工場の設備は残る。社会インフラは残る。気を取り直して再スタートすれば、生きてはいける。それどころか、最悪の数年をくぐり抜ければ、日本経済は競争力を取り戻して、しばらく成長を続けることさえできるかもしれない。

このように経済は、リセットされ、再スタートする。大変な不正義のもとでの、再スタートである。何が起こったのか。これは要するに、日本人の家に一軒残らず泥棒が入り、一人当たり平均一千万円の預貯金を盗み出したというのに等しい。その泥棒が、盗んだ金を日本政府に持ち込んで、借金（国債）の埋め合わせにつかったということでしょう。ハイパーインフレは、大泥棒なのです。誰か四人家族が泥棒に入られて、四千万円を盗まれれば、警察がきて新聞がきて、大騒ぎのニュースになるでしょう。ハイパーインフレは、総額一千五百兆円なのだから、比較にならない大泥棒です。

こんなハイパーインフレは、なんとしても抑止すべき。なぜならば、

一、いちじるしい経済的な不公正を生み出すから。特に年金生活者のような高齢者や弱者を直撃する点が見過ごしにできない。

二、経済が大きな打撃を被るから。銀行など金融機関はもちろん、かなりの企業やビジネスが、倒産したり活動規模を縮小したりする。人びとの所得水準は低下し、失業に追い込まれる。

三、大幅な円安となり、日本の資産や企業が、海外の投資家に買収される。日本経済の国際的地位は、致命的な打撃を受ける。

これらのことを放置すべきでないのは明らかです。そもそもその原因は、政府が財政再建を怠

り、貨幣流通量の抑制にも失敗したことにある。政府に責任があるのです。そして、ハイパーインフレを収拾する手段もまた、政府しか手にしていない。

ハイパーインフレはいったん始まると、急速に進行します。政府はすぐ、たとえ法的な根拠がなかろうとも、手を打たなければなりません。これが、経済的国家緊急権です。

経済的国家緊急権

国家と経済の関係について考えてみます。

ふつう政府は、中央銀行をつくる。中央銀行は、政府部門と独立に動いて、金利や貨幣流通量を、市場の論理にしたがって整えます。中央銀行は貨幣(紙幣)を印刷する。そして、貸出金利も決める。これは、中央銀行が商業銀行に貸し出す貸出金利なのだけれど、それに連動して商業銀行が企業などに貸し出す金利も決まるので、市場の金利を調整することができるのでした。

そのほかさらに、政府は、マクロ調整(需要管理)の役割も果たしている。

政府も経済主体のひとつであって、税収など歳入を集め、公共サービスや公共事業などの歳出を行なう。歳入と歳出の計画が予算案です。所得税や法人税のように経済状況に連動する税もあるので、予算の通りに集まるわけではありませんが、大体いくら集めるかを毎年決める。歳出のほうは、公務員の賃金になったり政府の支払いになったりして、市場の中に流れていく。この財政規模を大きくしたり小さくしたりすることで、景気の過熱を抑えたり景気を刺戟したりすることができる。以上が政府のやること、やるべきことの大枠で、経済学の教科書に書いてある通りです。

経済的国家緊急事態の場合、以上のような通常の政府の行動では不十分です。まず第一に、時間がかかりすぎる。政府の行動は、一年単位（会計年度）で区切られていて、急迫した事態の推移に追いつきません。第二に、手段が限られている。ハイパーインフレの場合、急速な物価の上昇（貨幣価値の下落）が起こる。金利が上昇し、債券相場も下落します。これを止めるのに、貨幣流通量を抑制することが基本ですが、焦った政府は、債券相場を買い支えたり国債のデフォルト（債務不履行）を回避しようとしたりして、あべこべに貨幣の流通量を増やしてしまうかもしれない。これは、断崖に向かうトロッコに、加速をつけるようなものです。通常ならとりえないような政策選択肢（いわば急ブレーキ）を、政府は手にする必要がある。

それでは、どんな手段があるか。

第一に、預金封鎖。銀行預金の残高があるひとも、一定額以上は引き出せないようにする。預金を引き出すのはもともと自由のはずですから、憲法に抵触する大きな権限を政府が行使することになる。預金封鎖は不合理な痛みをともないますが、そもそも預金の価値を維持するためにやむをえない措置なのです。

預金封鎖を合理的に行なおうとすると、複数の銀行に分散して預金している人びとの、名寄せ（預金者IDによる合計額の算定）を行なわなければならない。名寄せをしなくても預金封鎖はできますが、名寄せをしたほうが、痛みを平等に分かち合うという意味になる。

第二は、通貨の切り替え。その昔、「新円切り替え」がありました。インフレで通貨が過剰に流通している場合に、新しい通貨を政府が用意して、一人いくらまでの限度の範囲内で、旧《ふる》い通貨と交換する。預金封鎖を恐れてタンス預金のかたちで隠れていた現金も、通貨の切り替えで処置することができる。貨幣量を抑制するのに劇的な効果があるけれども、副作用も大きい。

通貨の切り替えは、デノミ*とは異なる。デノミは、通貨の単位を変更するもので、たとえば旧百円を新一円、などと呼び替える。実際に、通貨も新しい紙幣にしてしまう。けれどもこれは、名目にとどまるので、経済には中立的です。しかし、通貨の切り替えは、新通貨がこれまでの通貨と部分的にしか連続しないので、経済に実質的な影響を与える。その影響が、政策の意図するところです。

ハイパーインフレに対する古典的な特効薬は、預金封鎖と通貨切り替えの二種類ですが、それ以外にも可能な手があれば、打つのをためらうべきではないでしょう。預貯金を定率で没収する。

---

* デノミネーションの略。貨幣の単位を呼び替えることをいいます。

二五%没収するとすると、百万円は二十五万円没収されてしまう。昔はこんなややこしい操作はやりにくかったが、いまは預貯金はコンピュータで管理されているので、やろうと思えばすぐできる。

預貯金が没収されるのは、泥棒と同じで、所有権に対する侵害です。所有権を守るのは政府の役割だったはずです。でも緊急事態には、政府がこれをやらなければならない。なぜなら、それをしないで一〇〇〇%のハイパーインフレになれば、百万円の預貯金は十万円たらずになってしまうだろうから。二五%の没収とは、七五%は残っているということ。ほとんどなくなるのに比べれば、まだましなのです。

それと同時に、経済危機で困窮する人びとを救うための、緊急対策もすぐ手を打たねばならない。まず、食料の確保。基本物資は配給にするとか、食糧切符を配るなど、国民の生存と栄養を最優先で保障しなければならない。それから、電気やガス、水道などのライフラインの確保。支払いが滞っても、ストップしないようにする。電力会社やガス会社の資金繰りを、政府がサポートする。鉄道やバスなどの交通機関も、公共性が高いので、停止しないようにし、料金も抑えなければならない。医療も別枠で考えなければならない。年金は一時停止するかリセットし、その代わりに物価動向に応じた月ごとの生活給付金を支払うのがよいかもしれない。

*

これらの緊急の措置が、国会の審議をへて法律を制定して実施することができれば、経済的国家緊急権を発動する必要はないとも言える。しかし実際には、立法で対応するのはむずかしいでしょう。各党が政府の権限が強まることを警戒して反対し、審議に時間がかかる。それに、それそも預金封鎖を国会で審議しようものなら、取り付け（預金者が一斉に預金を引き出すこと）が起こって、預金封鎖の目的が達成できなくなる。そのほかの対策も同じ。ゆえに、経済的国家緊急事態の場合にも、政府が至急適切な行動をとろうと思えば、法律の根拠に必ずしももとづかない、政府（内閣）の緊急命令を発する以外に方法がない。

戦後の混乱期の、預金封鎖や新円切り替えは、先例になるだろうか。

当時日本は、連合軍の占領下にあった。日本政府とその法秩序を上回る、連合軍最高司令部（GHQ）の上級命令権があった点が、現在と異なる。GHQの権限が、緊急事態を乗り切る決め手になったことを理解しなければならない。

そもそも占領とは、どういう状態なのだろう。

占領の本質とは、一種の戒厳状態であると思われます（第3章の補論参照）。

＊　二三七ページ以降の、国民生活安定緊急措置法第二十六条では、配給や割合《わりあ》てについて政令で定められるとある。しかし包括的な権限ではない。

戒厳とは、「期間や地域を限って、政府の権能の一部または全部を、軍に移管すること」でした。戦争に敗れた日本を連合軍が保障占領したことは、この戒厳の定義にあてはまっている。すなわち、期間（講和条約の締結によって日本が独立するまで）と地域（沖縄を除く日本の固有領土の全域）を限って、連合軍という軍組織の司令官が、上級命令権ないし拒否権を、日本政府に対して持っている。日本の主権が制限され、連合軍最高司令官に委ねられている。このように考えられるとすれば、連合軍最高司令官は戒厳司令官にあたることになります。

戒厳司令官は超法規的に、戒厳地域に法令を施行することができるから、預金封鎖や新円切り替えを行なっても「合法的」である。このような超法規的権力を背景にして、日本は緊急事態を切り抜けることができました。

国家緊急権とは、日本が占領されていない平時において、連合軍最高司令官に等しい超法規的な上級権力を、日本政府が行使するということに相当する。戦いに敗れポツダム宣言を受諾した日本の国民は、連合軍最高司令官の超法規的権限を理解し、それに従った。以来、半世紀あまり、憲法秩序と法の支配になじんだ日本の国民が、政府の国家緊急権を理解し、それに従うかは未知数です。しかしいずれにせよ、ハイパーインフレを収束させるためには、戒厳に匹敵する強力な権限が必要なことはたしかなのです。

アベノミクスはインフレの火遊び

安倍政権のアベノミクスが*、ハイパーインフレの地獄のフタを開けてしまうかもしれない。

アベノミクスは、インフレターゲットを年率二％に設定した。いまの不景気をデフレととらえ、それを克服するためにインフレを意図的につくり出すのだという。

そもそもなぜ、インフレが望ましいと考えるのだろうか。

デフレは、物価が下落すること。企業の生産力が過剰で、それにみあった需要がないからデフレになっている。これは構造的な原因によるもので、たやすく脱却できないはずです。

アベノミクスは、こう考える。好況ならば、インフレになる。インフレになると企業にはメリットがある。一年間で物価が二％上昇するなら、企業にとって追い風になる。製造業は、設備投資や原材料の購入から製品の販売までかなり時間がかかる。時間がかかる間にインフレが進むと、安く買ったものを高く売るという効果が生まれ、企業会計が改善される。これは経験的な事実。それならば、インフレになれば、好況になるのではないか。ゆえに、人為的にインフレをつくり出せばよろしい。インフレをつくり出すにはどうすればよいか。貨幣の流通量を増やして、

＊　二〇一三年に安倍晋三内閣のもとで打ち出された経済政策を指すことば。「安倍」＋「エコノミクス（経済学）」の合成語である。かつてアメリカ大統領レーガンの経済政策がレーガノミクスとよばれたのにならう。

物価を高めればよい。――日銀券を印刷して配って、じゃぶじゃぶにすれば景気がよくなる、という単純なアイディアといったいどこが違うのかと思いたくなります。

アベノミクスが始まって一年の二〇一四年三月現在、効果は現れていない。金融緩和で、余剰流動性が株式市場に流れ込んで株価は上昇した。円安期待で、為替はいくぶん円安の方向に進んだ。が、実態経済が上向いているとは言えない。インフレも二%の目標にはまだほど遠い。

この程度で助かっていると言うべきでしょう。もっと金融緩和が進んでインフレが本当に二%に近づくと、日本経済の命取りになる可能性がある。インフレは、金利を上昇させる。金利が上昇すれば、債券価格が下落する。一千兆円以上におよぶ国債を抱え込んでいる金融機関は、財務状況が悪化する。金利が上昇しても国債価格の下落をくい止めようとすれば（それしかないと政府日銀が判断する可能性が高い）、無制限に国債を買い支えるしかない。その結果、流動性が増してインフレがさらに進行するから、とめどないインフレスパイラルが始まる。インフレを二%でとどめるのは不可能だろう。日本のように膨大な財政赤字がふくらんでいる国が、インフレターゲットを設けるのは危険な火遊びと言うほかありません。

その日、なにが起こるか

ハイパーインフレは、どう始まるか。

ハイパーインフレが始まると、しばらくの間だが、景気がよくなる。第一次世界大戦後のドイツで起こったハイパーインフレのときもそうでした。

物価がどんどん上がっていく。同じことだが、貨幣価値がどんどん下がっていく。そう、人びとが思ったとたんに、ブームが訪れる。なるべく早くいまのうちに、現金を使ってしまおう。現金をモノに変えよう。誰もが預貯金を引き出す。レストランは満員になり、貴金属や不動産が売れ、穀物や生活必需品の買いだめが起こる。こうした需要が、物価をますます引き上げる。

貨幣が多すぎるので物価が上昇しているのに、人びとは、物価が上昇するので、モノを買うための貨幣が不足していると感じる。ドイツの通貨当局はその「不足」を補おうと、通貨を印刷して供給したので、ハイパーインフレはますます急速に進行した。そして通貨当局には、自分がインフレの張本人かもしれないという自覚がなかった。

インフレはいちど始まると、インフレスパイラルを断ち切るのは容易でない。そしてインフレの過程で、金利が上昇し、円安が進行し、債券価格が下落し、金融機関の財務状態が悪化し、貸しはがしが起こり、企業の運転資金が不足し、倒産と失業が起こり、景気が後退し、……といった激症の副作用が生じる。そして、国債を含むすべての債務が圧縮されるいっぽう、預貯金など金融資産が消失していく。そして国民生活に耐えがたい苦痛をもたらす。

金融機関が倒産すると、預金が消滅する。預金保険機構が、個人の預金を一千万円まで保護することになってはいます。しかし、大手の銀行や地方銀行、中小の信用金庫が軒並み倒産する事態を想定していないはずです。預金は結局、保護できないと思う。しかし、かりに預金が保護されるとしても、何百%ものインフレが襲うとすれば、預金の価値は大幅に目減りしてしまう。

＊

インフレで窮屈になった資金繰りを改善するために、日本が保有するアメリカ国債を売りに出すことはありうるだろうか。ありえない、不可能だ、と私は思います。

日本がアメリカ国債を売却すれば、アメリカ国債は暴落する。すると、中国もアメリカ国債を売らざるをえなくなる。ほかの国々や金融機関も同じです。こうして日本発の金融危機が、アメリカに飛び火して、アメリカも金融危機に陥る。アメリカ国債の暴落による危機は、サブプライムローンの場合とはケタ違いの、世界規模での経済の破綻を招く。それをアメリカは、許容できるはずがありません。なんとしても日本の金融危機を、日本一国に封じ込めておきたい。そこで、同盟国である日本がアメリカ国債を売ることはまかりならぬと、「禁止」を厳命してくるはずです。そして日本は、それに従わざるを得ない。

これは、経済の問題を超えた、外交や安全保障の問題。国家の存立に関わる基本的な要請です。

＊

日本の負債額は大きすぎて、支援できる国はない。日本政府は、日本国債を買ってくれるように、世界中を頼んで回るだろうが、おつきあい以上に手をさし伸べてくれる国はいない。IMFなどの資金が入る場合には、日本経済の再建のため、厳しい条件が課せられるだろう。たとえば、公務員を半減しなさい。消費税を二五％に引き上げなさい。現行の年金制度をリセットしなさい。国債の新規発行をやめ財政を均衡させなさい、などなど。そして、政府の負債（まだ残っていれば）の、長期的な返済計画を立てることが求められる。

IMFなど国際機関の監視のもとに置かれた日本政府は、自由に予算を編成することが許されなくなっている。予算権を制約されるのは、主権の一部を委譲するのに等しい。それがいやなら、危機に陥るまえに、自分で決めて同じことをやらなければならない。そのほうが、よほどよいに決まっています。

＊

ハイパーインフレは、必ずやってくるのか。財政破綻は訪れるのか。

財政政策がこのままでは、時間の問題であると思います。

国債発行残高は、一千兆円。毎年およそ四十五兆円のペースで増えている。それに対して、日本の総貯蓄は一千五百兆円。この貯蓄を原資に、金融機関が国債を買ってきた。国債発行残高がこのまま膨らみ、一千五百兆円の天井に達すると、それ以上国債を買うことができなくなる。政府は予算が組めなくなり、国債も値下がりを始めて、本格的な危機を迎えるだろう。

＊

実際には、その日はもっと早くやってくる。人びとが、財政が行き詰まって、ハイパーインフレか国債のデフォルトが不可避であると理解すれば、問題を先送りしているいまの仕組みが動かなくなる。それは、いま起きても不思議はないのです。

財務省など政府の一部に、ハイパーインフレを期待する空気があるという。増税や財政再建をしなくても、インフレで政府の負債が圧縮され、問題が自動的に解決するから、というのだ。事実だとしたら、とんでもないことです。国民の資産を守り、経済の秩序を正常に維持し、社会の公正と安全を実現するのが、政府の役割ではないか。そのためなら、国家緊急権を発動してでも、政府としての最善を尽くすこと。これが政府職員の、義務であり使命でなくて何であろうか。

第7章
国家緊急権と緊急事態

ここで、国家緊急権というものについて、ふり返ってのべてみます。

国家緊急権の原則

国家緊急権の名のもとに、政府は、緊急の行動をします。この行動の原則は何だろう。

ふつう政府は、法律によって授権されたことをやればよいので、法律に従い、法律に準拠して行動する。もちろん憲法にも準拠します。これが政府の行動です。

緊急事態にはこのやり方では行動できない。該当する法律がないか、法律や憲法に違反してまでも、行動するということになる。政府は、法律や憲法に違反しつつも、「正しく適切」なことを国民のために行なっているという原則が、貫かれなければなりません。

この行動が、国民のためのもので、「正しく適切」であるかどうかを、誰が判断するのか。時間があれば、たとえば議会や裁判所に判断してもらうのがよいかもしれない。けれども緊急事態なので、そんな時間がない。時間がないので、政府の長（行政責任者）は誰にも相談できない。できることはせいぜい、平素から、このような緊急事態が突発する日に備えて、みっちり思考実験（シミュレーション）をしておくことぐらいです。ゆえに、そうした準備（思考実験）を怠ってはならない。

国家緊急権を行使する者にとって、その原則は、

・必要なことは、行なわなければならない。
・根拠法がなくても、平時の法律に抵触しても、国民の基本的人権の一部を制約したり無視したりすることがあっても、それは国民の緊急事態を救う緊急避難であるから、政府機関が業務として実行する。
・国家緊急権の行使を命じたことで自分の責任が追及される場合には、刑事罰を受けてもよい。

こういう考え方で行動するのが、国家緊急権です。

国家緊急権はこの瞬間、政府の長（行政責任者）の自己倫理になります。

国家緊急権の行使が野放図で、支離滅裂なものになるかどうか。これは、行政府の最高責任者のセルフコントロールに任される部分が大きい。法治国家の原則からすれば、あってはならない危険な瞬間です。しかし、法の支配の外にはみ出るからには、それ以外に考えようがない。これはまさに「必要」なことなのです。だから、彼（政府の長）には、その権限と責任がそなわると考えられる。

緊急時に国民は、その彼（政府の長）の権限を信頼する。と同時に、緊急事態が過ぎ去った後で、彼の行為が必要だったのか、適切だったのか、公正だったのか、を検証する。これを、根拠法がなくても、憲法の条文に規定がなくても、憲法の精神にもとづいて究明し、判断し、責任を追及する権利と義務がある。

この、国家緊急権を行使したことの責任は、特定の法律に違反したとか、憲法のこの条文に違反したとか、そういうレベルの責任ではない。もちろんその種の法令違反があれば、それを追及してもよいし追及すべきでしょうけれども、そういう形式的な議論ではなくて、彼が主権者（国民）に対して忠実であったのかという、実質的な判断になると思います。政府の最高責任者として、能力のすべてをかけて、適切に行動したのかどうか、の政治的判断。

では検証の結果、その行動が七〇％正しく、七〇％の国民にとって適切で大きな利益があったけれども、三〇％は適切だったと言えず、三〇％の国民の、生命や安全や健康や……に重大な被害が及んだと判明した場合、どうなるか。その責任を追及され、処罰されることになるのはやむをえない。一億人のうち七千万人を救う措置であっても、三千万人を死亡させたり怪我《けが》をさせたりすれば、その責任は免れない。政府の措置でこのような被害が生じたのだとしたら、被害者（の家族）は黙っていないだろう。**刑事罰**を受けることになるのは当然です。

政府職員が業務にたずさわっていて、結果的に誰かが死ぬようなことになっても、職員個人が、殺人罪、傷害致死罪、過失致死罪そのほかの刑事責任を問われることは、ふつう、ありません。（わが国でおそらく唯一の例外は、ミドリ十字（当時）の非加熱製剤を認可した厚生省（当時）の課長が、血友病患者にエイズを感染させたとして訴えられ、有罪になったケース。）それは政府職員が、法にもとづいて業務を執行しているからです。（ただし軍では、通常刑法と異なる軍法が適用されて、指揮官や兵士の罪が追及され罰則が適用される場合があります。）

いっぽう、国家緊急権の場合は、政府職員が、根拠法なしに行動している。それは、政府職員が必要と判断した、自発的で任意の行動である。その責任は、政府職員個人に帰されるほかはない。なぜなら彼は、そのように行動することもできたし、行動しないこともできたから。

責任を追及するのは、どのような場がふさわしいか。それは、次章で考えましょう。

いずれにせよ、国家緊急権の行使の仕方が**正当であったことを論証する責任**は、政府の長（および政府職員）の側にあり、追及する側にはない。正当であったことの論証が成功すれば、罪には問われないが、成功しなければ、結果に対するすべての責任を問われる。

責任を追及された政府職員は、自らの正当性を論証する機会と、追及に対して抗弁する機会が与えられる。国家緊急権がどのように行使されたかの記録は、政府にしかないであろうから、必要な資料を保存し提出する義務は、政府にある。資料が提出されなかったり滅失《めっしつ》したりすれば、国家緊急権を行使したことの責任に加え、必要な資料が欠けていることの責任も重く問われる。

国家緊急権の行使がどのように追及され、訴追され、裁かれたかは、憲法の条文にならぶ重要な先例として、のちのち（広義の）憲法を構成することになるので、慎重に記録しなければなりません。

国家緊急権の行使は、いかに「必要」だったとしても、重大な憲法違反には違いないので、大きな政治的責任がともなう。のみならず、国民の人権（とりわけ、人身）に与えた被害に対して、政府職員（命令に従っただけの者は除く）は刑事責任を問われても当然です。（戦時国際法は、命令に従っただけの者であっても戦争犯罪の責任を免れないことを原則とするが、緊急法制の場合にもこの原則を援用すると、緊急時にサボタージュが続出して政府が機能しなくなってしまうから、援用するべきでなかろう。）私の意見では、国家緊急権を行使した政府の長（政治家）は、のちに必ずその政治責任をとって、政治から身を退くこと。加えて、国家緊急権を行使する過程で、国民の人身に被害が及んだ場合は、刑事罰にも服すること、を原則とするのがよい。

この原則に従うなら、責任の追及は二段階で行なわれることになります。第一は、国家緊急権を行使したことに対する政治責任を追及する段階。ここで、政治責任に加え、刑法犯としても責任を追及すべきかを、裁定する。第二は、その裁定にもとづいて、一般の裁判所で、訴追を受け、刑事責任を追及される段階。[*1] 憲法は、刑事罰は一般の裁判所での裁判でのみ課すことができると定めているので、一般の訴追手続きによって裁判を行なうのが適当だと思います。

国家緊急権を法制化すべきか

さて、このような、法の支配を離れたかのような国家緊急権の行使は、正常でないので、これを国家緊急権として憲法の条文に書き込むのがよいのではないか。そうすれば合法的に、政府は国家緊急権を行使できるから、という考え方があります。[*2] あるいは、憲法に書き込まなくても、緊急時の政府の権限や指揮系統について定める、法律レベルの緊急法制を整えるのがよい、とする考え方がある。[*3] 自民党が二〇一二年に提案した憲法の改正案の中にも、このような緊急権の規定がいくつか盛られています。

国家緊急権を、法制化することは適当か。

結論から言うと、憲法の条文や法律のかたちで**緊急権を法制化することは、国家緊急権の行使にとって、必要でもないし充分でもない**、と私は思います。その理由は、つぎの通り。

まず、必要でない。緊急権の規定があろうとなかろうと、緊急法制が整っていようといまいと、緊急事態になったら、政府はすみやかに、適切で必要な行動をとらなければならない。政府はそのために存在する。ではなにが、「適切」で「必要」か。それは、緊急事態の具体的な状況によって千差万別なので、政府の長がその場で具体的に判断するしかないのです。緊急権の規定にこう書いてある、緊急法制の何条がこうなっている、といちいち縛られていると、「適切」で「必要」な行動がとれないことになりがちである。実際の現場で、どうせ真剣に考慮することの

＊1　一七七－一七八ページの学説F、Gも参照。
＊2　一七九ページの学説J参照。
＊3　一七九ページの学説K参照。

ない法制なら、必要がない。

そして、充分でない。緊急事態に際しての政府の行動のあらゆる場合を完全に記述して、カバーするようなマニュアル型の立法は、不可能です。政府は、軍と違い、通常の政府機関なので、無制限な包括的授権をすることができない。政府の可能な行動を個別に記述して、行為能力を与えていくかたち（ポジティブリスト）の法制化になる。この法制化は、ある程度シンプルなものにならざるをえないので、実際の緊急事態は「想定外」の要因を含むことになるでしょう。つまり、緊急権の規定や緊急法制は、実際の緊急時には不充分なものである。その条文や規定に縛られてしまうと、政府は不充分な行動しかできなくなるのです。世界の国々には、なるべく緊急権の不法な行使を抑える意味で、これを憲法に条文化している例が多い。わが国もそうしたければ、そうしても構わないとは思う。しかし、条文化することで、国家緊急権を既存の法秩序の枠内に押し込めることができると思わないほうがよいのです。国家緊急権の本質は、政府（行政権）が、憲法からはみ出る行動をとるという点にあるのだから。

国家緊急権と、現行の法体系

緊急事態が発生し、国家緊急権が発動されて、政府が緊急行動をしている場合、では、現行の法体系はどうなっているのか。それは、現行法が無視される、無法な状態なのか。憲法に国家緊急権の規定がない（あるいは、あってもそれを踏み越えて行使されている）場合を想定して、考えてみましょう。

憲法は、ある。そして、効力をもち続けている。国家緊急権にもとづく緊急命令や、政府の緊急行動によって、無視されたり無効とされたりしていない限りの部分は、すべてそのままのかたちで効力をもち続けている。

国家緊急権によって、無視されたり無効になったりしている部分も、しかしよく考えてみると、空無になったわけではなく、効力を保っている。だからこそ、国家緊急権の行使を、「憲法違反」だと追及できるのです。

「**無視されているが、効力を保っている**」とは、微妙で、奇妙な状態です。これを、凍結（フリーズ）と理解できるかもしれない。どういうことか。憲法や現行の法制は、無傷で、そのまま効力をもち続けるのだけれども、緊急事態が発生し、より上位の権力である、国家緊急権が発動された。国家緊急権は、国家の最高権力である主権（理屈のうえでは憲法の背後にある、憲法制定権力）が、憲法という契約のかたちを経ずに、臨時に政府（行政府の長）に預託されたものである。そのため、政府は、憲法の規定にかかわらず、それに妨げられることなしに、緊急事態から主権者である国民を救うため、必要な行動をとることができる。こう考えるのです。

トランプのゲームにたとえれば、国家緊急権は切り札のようなもの。「数が多い札のほうが数が少ない札より強い」というような通常のルールの作用がなくなったわけではないが、それを上回る効力をもつ切り札（緊急権）が行使されたために、その作用が働かなくなっているのです。

＊

念のため補足しておくと、いまのべた「凍結」は、憲法を「停止」することとは違う。つぎのような議論があります。「緊急時に国家緊急権を行使することは、憲法違反の疑いがある。そこで、その前に憲法を停止することにしたらどうであろうか。そうすれば、政府が国家緊急権を行使しても、憲法違反にならないから。」これは、ナンセンスです。日本国憲法には憲法停止の規定がないから、憲法を「停止」すれば、そのことが憲法違反になってしまう。憲法違反かどうかの形式にとらわれ、緊急事態と主権と国家緊急権の実質についてみつめることができていない議論だと言うべきでしょう。

かりに憲法に、憲法停止の規定をおいたとします。しばしばクーデター政権や革命政権は、現行憲法の「停止」を宣言します。「停止」しているあいだは、憲法が効力を停止するから、政府は、憲法に従うことも違反することもできなくなる。ゆえに、憲法が「停止」しているあいだの政府の行動を、憲法違反として追及することもできなくなる。

憲法の「停止」の規定をおくことは、憲法にとって破壊的です。憲法が「停止」されているあいだ、政府はなんでもできてしまうから。それよりは、国家緊急権の規定をおいて、政府がなにができる（できない）か具体的に定めるほうが、まだよい。

*

政府が国家緊急権を行使するいっぽう、憲法が凍結しているとは、実際のところどういう状態なのだろうか。

日本国憲法も、そのほかのすべての法律も、活きている。国家緊急権が行使されるあいだも、効力をもったままである。

まず、国家緊急事態が宣言される。緊急事態の宣言は、戒厳令がそうであるように、地域（場所）と期間を限って、宣言されることになる。あわせて、緊急事態の性質と、政府の行動の目的も明らかにされなければならない。

つぎに、政府は、必要な命令を発する。その命令は、命令権者（政府の長など）から、その指揮系統にある政府職員に向けて発せられるだけではない。根拠法がなくても、地方自治体（の首長）や、警察や自衛隊（の指揮者）、病院や企業や一般国民に向けても発せられる。緊急事態下での命令を受けた人びとは、それが憲法に根拠をもたなくても、**あたかも合法的な命令であるかのように、それに従う**ことが求められる。政府職員以下の人びとが命令に従わなかった場合には、無政府状態が出現することになるので、広く国民に不利益が及ぶことを理解しなければなりません。

緊急命令はたとえば、つぎのようなものです。

- 関東平野からすべての人びとは四十八時間以内に退避せよ。（放射性物質の拡散）
- 銀行預金を一人百万円までしか引き出してはならない。（ハイパーインフレ）
- 海外渡航を禁止する。（パンデミック）
- 生活基本物資を統制する。（巨大地震）

これら政府の命令は、いつ誰がどのように発したのか、命令権者やその内容をすべて記録しなければならない。そして、国民に周知しなければなりません。

こうした政府の緊急命令は、大日本帝国憲法の定める、天皇の緊急勅令に相当する。命令が、法律に相当する効果をもつからです。

伊藤博文の『憲法義解《ぎげ》』によれば、緊急勅令は立法行為であって、議会が閉会中で機能しないなどの場合に発せられます（二〇五－二〇六ページ参照）。法律と同等であるから、現行の法律と矛盾する内容であってよく、現行の法律を改廃する効果をもつ。そして開会された議会は、その緊急勅令の、法律としての効力を承認するかどうか審議します。

これを参考にするならば、政府は命令によって、通常の立法行為と同じように、現行の法律に矛盾する内容を命ずることができて、この命令が緊急状態では、法律に優先する。そうした命令を受け取った、地方自治体の首長や、警察や住民や一般企業はどう考えればいいか。緊急事態に際して政府は、国家緊急権を発動している。これは、超憲法的な措置だが、政府の命令に従うことは法に従うことと同様、日本国民の義務である。このように理解しなければなりません。憲法や法律を盾にしてこの命令に従わないなら、将来、不法行為であるとして責任を追及される可能性さえあります。

緊急命令の効力

緊急時の政府の命令に従うことは、公共の利益にかなうと考えられます。

たとえば、危険な住宅からの立ち退き命令。アメリカでは、住民に対する立ち退き命令は、強制力をもっている。延焼のおそれがあるアパートや、氾濫《はんらん》のおそれがある河川のそばの住宅に、「慣れ親しんだわが家だから動くつもりはありません、ここで死ぬなら本望です」などと言って、老夫婦が居すわっていればどうなるか。強制的に立ち退かされる。居住の自由とか、身柄の自由、移動の自由とかは認められないのですね。どうしてか。消防士や警察官などの政府職員は、自分の身を危険にさらして、ときには犠牲をいとわず、人びとの生命安全を守ろうとする。それが公共サービスです。彼ら職員を指揮する政府の長は、住民の生命安全の確保を最優先させながらも、同時に政府職員の生命安全も確保しなければならない。とりわけ彼らの生命安全を不必要に危険にさらしてはならず、リスクを最小限にするという責任がある。そこでもしも、危険区域に誰か住民が残っている可能性があると、その確認のため、また救出のため、政府職員が不必要に危険に身をさらすことになる。そこで立ち退き命令に強制力をもたせて、確認や救出のためもう一度出動しなくてすむようにする。こういう仕組みになっている。これは、市民の自由と、全体としての安全の確保とを慎重に秤《はかり》にかけた結果の、確立したシステムなのです。公共の利益のため、個々人の自由を制限しなければならない場合があることを、誰もが理解しています。

政府が、危険のさし迫った関東平野から、住民が一人残らず退去しなさいと命令した場合、住民に退去しない自由があるかどうか。退去しないことが法律違反になるかどうか。いまと同じ理屈で政府職員は、国民の安全を守るため、避難誘導し、避難がすんだか一戸一戸チェックし、確認ができたらいちばん最後に退去していくはず。もしも、退去に抵抗を示す人がいた場合、本人だけではなくてほかの人びとに大きな危険が及ぶ。ゆえに、政府の退去命令は、かりに根拠法がなくても、法律と同等であって、強制力をもつと考えなければならない。さもなければ、緊急命令が意味をなさない。

カギを握るのは、国民の理解です。国家緊急権を発動しなければならないような、超憲法的事態にたち至った場合、国民がそれを理解し協力しなければ、政府は緊急事態に適切に対応することができない。緊急事態に際して、行動する能力があるのは政府だけなのです。緊急時、政府の命令は法律である。従わなければならない。政府の命令が適切であったか、は危機が過ぎ去ってから、ゆっくり考えればよいのです。

緊急命令のガイドライン

では政府は、緊急事態に際して、どのような命令を発すればよいのか。

ひとつ補助線として考えられるのは、**平時であれば議会が立法したであろうような内容の命令を、発すること。**緊急命令は、法律として機能するからです。

議会は立法のための機関であって、審議を尽くして法律を制定する。通常、審議には、ある程度の時間がかかる。その時間をかけることができないため、やむをえず、行政府がその機能を代行する。それが緊急命令の本質だとすれば、その内容はなるべく、議会の意思と合致していることが望ましい。もちろんそのことを、緊急時に確認する方法も時間的余裕もない。しかし政府の長は、自分が議会の権限を代行しているという意識をもって、行動することが基本です。

緊急事態が発生した際、国会が開会中であるかもしれない。国会は、政府が超憲法的に、命令というかたちで立法権を代行するのをみて、異論をもつかもしれない。けれども、真に緊急事態であると認識するなら、対抗手段（内閣不信任決議や、緊急命令と異なる法律の制定など）を講じるのでなく、政府の長が緊急事態を打開しようと行動するのを、みているのがよい。そして、緊急事態が解消した場合に国会がどう行動すべきか、準備を始めるのがよい。

緊急命令は、政府（行政府の長）の意思で発することができ、審議や採決の必要がないので、急速な事態の推移に即応しやすい。さし迫った緊急時には、閣議を開く時間的余裕さえないだろう。だが実際問題として、突然襲ってくる緊急事態に対して、どこまで適切な意思決定ができるか危ぶまれます。関係省庁の幹部が助言するとしても、適切で必要な命令を短時間で起草するのは、至難のわざだ。そこで、各種の緊急事態を想定した、政府の緊急命令の案が、作成してあるととても助かる。それを参考に政府が、実際の命令を作成することができるからです。

それでは、誰がその緊急命令の案を作成するのがよいか。関連省庁（行政機関）がまず、用意しようとするだろう。国会（立法機関）も、用意しようとするかもしれない。しかしこの二つの機関が、憲法の効力が凍結されることを想定して、緊急命令の原案を用意することには、憲法上の疑念がある。少なくとも、国民がそうした疑念を抱くかもわからない。そこで、政府機関でない民間のシンクタンクのような組織が、衆知をあつめてあらかじめ、実際の緊急命令のひな型になる案を作成しておくことが望まれます。国会で作成する場合は、与野党の合議による議員立法の「準備」のかたちをとる。パンデミックならパンデミックを想定した緊急立法の法案の審議を委員会で行なって、合意に達したものを審議未了のかたちにしておいて、政府の参考に供するというやり方もあるかもしれない。

審議未了にするぐらいなら、いっそ可決成立させて「緊急事態法」にしておけば、と思うかもしれない。それだと、成立した法律は、政府の行動を厳密に縛ることになります。どんなかたちで襲ってくるかわからない緊急事態に柔軟に対応するためには、政府の参考となるガイドラインを示すにとどめるほうが、実際的だと思います。また法案審議は、国会の通常の活動なので、憲法上の疑義も生じない。

緊急事態と、抗命権

緊急事態に際して出される緊急命令に、それは超憲法的だからと従わない、「抗命権」があるだろうか。すでにのべたことだが、重要なので、繰り返しておきましょう。

政府職員も、住民・市民も、緊急事態の際は超憲法的な政府の緊急命令が法律としての効力をもつことを理解して、それに従うのが正しい。すなわち、抗命権はないと考えるべき。このロジックを、明らかに抗命権が認められている戦時国際法の場合と、対照してみます。

戦時国際法は、捕虜となるための条件、捕虜の虐待禁止、民間人の保護、毒薬やダムダム弾を非合法とすること、などを定めています。ある国の軍が合法な命令を発しても、戦時国際法に合致しない（違反する）場合がある。この場合、戦時国際法に反する命令を発した者も、それに従った者も、ともに処罰される。軍人として上官の命令に従っただけであっても、責任を追及され、罪に問われるのです。理不尽なようだが、このような法理が慣行として確立すると、軍人に抗命権が与えられ、戦争法規が守られ、軍人や民間人が保護されることになる。すなわち、捕虜を虐待する、住民を殺害する、などの命令を受けた場合、「国際法に反するから、捕虜の虐待はできません」「国際法に反するから住民の殺害はできません」「さもなければ、自分が戦後に法廷で裁かれてしまいます」と抗弁することができる。戦時国際法を厳格に適用することで、軍人に抗命権を与え、それを通じて各国の軍隊が戦時国際法にしたがって行動するように導いているのです。

結論。合法的な軍の命令と、戦時国際法とでは、戦時国際法が優位する。その結果、軍では上官の命令には絶対服従であるけれども、その「絶対」が「条件つき絶対」になる。

では、憲法と、超憲法的な緊急命令との関係はどうか。

憲法は、主権者である人民からの、政府職員にあてた命令（契約）。政府職員はそれに従う義務を負い、政府の一部である議会（立法機関）の定める法律も憲法に矛盾することができない。政府職員は、憲法に対する抗命権をもたない。ここまでなら、通常の憲法秩序の話であり、どんな憲法の教科書にも書いてあります。

しかし国家緊急権の話は、ふつうの憲法の教科書には書いてない。書いてないなら自分で考えなければなりません。

国家緊急権とは、緊急時に際して、主権者である人民が自分たちを守るように、政府（行政府の長）に委託した権利。通常の憲法では自分たちを守れないから、緊急の方法で守ろう、というものです。政府は、主権者の意思（利益）は何であろうかと考えて、行動する。その行動とは、政府機関の職員や一般国民に対して、命令を発すること。**国家緊急権の源泉は、主権者の意思と、「必要」です。**「必要」が命令（実質的には法律）を正当化する、というのが、国家緊急権の法理です。

ここでわかることは、憲法も、国家緊急権も、どちらも目的は同じであって、主権者である人民の利益を守ること。ただし、平時であるか、それとも緊急時であるかによって、そのあらわれが異なっているだけである。ゆえに、政府職員は、緊急命令に対して抗命権があると考えてはならない。抗命権があれば、国家緊急権が機能しなくなってしまい、主権者である人民の利益が守れない。ゆえに、緊急命令は憲法に優位する。ただし注意すべきなのは、国家緊急権は、国家機関のあいだのバランス（三権分立）も主権者のチェックもはたらきにくい、独裁に転化しやすい仕組みであること。ゆえにそれは、時限的であって、もとの憲法秩序に復帰することを前提としなければならないこと、です。

結論。国家緊急権は、緊急事態に際して政府が示す国家意思であって、政府職員にも住民・市民にも、抗命権がない。（良心に従って抗命した人がいた場合にどう処遇すべきかは、別に考えるべき問題です。）

実際、緊急事態における判断は、高度な政治判断であって、困難がともないます。「最大多数の最大幸福」を追求するにしても、ぎりぎりの選択を迫られる場合がある。たとえば財産権は、大事な国民の権利であるが、生命や安全が脅かされている場合には、財産を犠牲にしなければならないだろう。もっと厳しいケースでは、千人の命を救うために、百人の人質の命を犠牲にする、という選択を強いられるかもしれない。このような高度な政治的判断を、全員がやり出したら、国家としてのまとまりがなくなる。ゆえに、政府の長に一元化しておく以外にしようがない。それは、政府の長が有能であるから、ではない。**権限が政府に一元化していることに、大きな利益があるから**です。

以上が、緊急事態における、政府の行動のあらましです。

第8章

国家緊急事態をどう終息させるか

憲法秩序への復帰

国家緊急事態を宣言し、国家緊急権を発動する。政府は、この権限を用いて、緊急事態を脱出しようと苦闘する。その結果、どうにか緊急事態を脱出した。その場合に、国家緊急事態をどのように終息させればよいか。

緊急事態は永続しないものなのです。永続したらおかしい。過ぎ去る。過ぎ去るとどうなるかというと、もとの憲法秩序に復帰する。

もとの憲法秩序に復帰すると、過ぎ去った緊急事態のさなかに行なわれた、政府の行動が問題となります。緊急命令は効力をもつのか。政府の行為は正当だったことになるのか。かかった経費は予算から支出するのか。補償は必要なのか。政府の長はどういう責任を負うのか。政府の長など幹部職員は、その地位にひき続きとどまるのか。超憲法的な行動をとった政府の責任追及を、誰がどのような場で、どのような根拠にもとづいて行なうのか……。

これらを順番に、ひとつずつ解決していくことが、もとの憲法秩序に復帰する（緊急事態が終了して、平時に戻る）ということです。こうして、民主主義が息を吹き返す。民主主義が復活することが、そもそも緊急事態を宣言した目的だったし、国家緊急権を行使してまで政府が守ろうとしたものでした。

このように、緊急事態が終了してからいよいよ、国家緊急権の最終段階が始まります。

こうしてみると、国家緊急権は、まことに逆説的な権限です。

国家緊急権は、緊急権が必要なくなることを目的にして、発動される。非常措置なのです。この意味で国家緊急権は、本質的に、超憲法的な権限である。かりにその規定が、憲法のなかに置かれる場合があったとしても。

＊

国家緊急権は、民主主義、憲法秩序の反対物なのだろうか。

たしかに政府は、憲法の規定や、個別の法律を無視したり、それと無関係にふるまったりします。でもそれは、そうしなければ、民主主義、憲法秩序を守ることができないから。だからそうする。そうまでしなくても、日本国を守ることができれば、言うことはないのです。でも、そうも行かない。国家緊急権は、民主主義や憲法秩序の反対物では、ないのです。

＊

憲法秩序への復帰の、まず最初のポイントは、緊急事態が過ぎ去ったと、誰がいつ判断するか、です。

この判断ができないと、緊急事態が永続してしまう。緊急事態が永続するということは、すなわち独裁政治になるということであって、民主主義は死んでしまう。

緊急事態が終わったと判断するのが、緊急事態の当事者（政府の長）だとすると、問題がある。

悪意をもって、緊急事態を長引かせるかもしれない。悪意がなかったとしても、緊急事態に対処する当事者は、まだまだ緊急事態が終わっていないように、世界をみてしまう傾向がある。

緊急事態が終わったと判断するのが、緊急事態の当事者（政府の長）でないとすると、問題がある。まず、そのひとが誰なのか、事前に決めておかなければならない。（緊急事態の当事者が任命する誰かがそれを決めるのでは、緊急事態の当事者が自分で決めるのとほぼ同じです。）そして、そのひとが緊急事態が終わったと決める権限があるのだとすると、二重権力状態みたいになってしまう。（たとえば、そのひとが緊急事態が終わったと決めたのに、緊急事態の当事者である政府の長がそれに従わなかったりする。その場合、さらに複雑なことが起こります。）

結論として私はこう思うのです。**緊急事態の解除は、宣言した本人が宣言するのがいちばん簡単**だ。それも、緊急事態をはじめに宣言するときに、期間を限って宣言しておくのがよい。たとえば、放射能の危険で関東平野から退避する場合だったら、退避に必要な時間を考えて二カ月、などとする。期限があるということ自身が大切なので、なるべく短めにする。短めにして、事態がさらに悪化した場合には、延長するほうが実害が少ないだろう。

＊

国家緊急権を行使する政府の長を、コントロールする手段がないように思われるかもしれない。なにしろ、憲法が無視され、法律が無視されているわけです。暴走するのではないか。けれども、国民の理解と支持がなければ、このやり方はたちまち行き詰まる。世論が、最大のブレーキになるでしょう。

緊急事態は、不幸な事態です。不幸な事態のなかでも最善の努力をして、「適切」に行動しようとしている指導者がいる。彼を支持しようじゃないか。ともに困難に立ち向かおう。「適切」に行動していれば支持する、という気分や論調が基調になるだろう。「適切」でないところが多くあれば、非難が集まるだろう。こういう状況で、緊急事態を解除しないというのは、大きなリスクになり、圧力になります。

この圧力がかけられるためには、緊急事態のもとでも、言論活動（マスメディアの取材・報道、その他）に、可能な限りの自由が与えられなければならない。緊急事態に対応するために、報道の自由を制限する理由は、ほとんどありません。あるとすれば、テロリストに対抗するなどの理由で、政府の手の内を明かすことができない場合。政府の知り得た情報を必ずしも明らかにできない、などの場合ですが、でも、緊急事態でなくたって、ハイジャック事件とか誘拐事件とかの場合には報道協定が結ばれて、秘密は保持されているではないですか。これからみれば、大きな問題はないと思う。

ゆえに、マスメディアは自由に行動し、緊急事態に協力しつつ、緊急事態に対して批判と検証を怠らない。このことが、マスメディアにとってはとても大事。そして、緊急事態の終了が宣言されたら、その日から、もとの憲法秩序のもと、政府の諸機関との任務分担が、本来のかたちに復帰する。

政府の行動を検証する

では復帰した時に、誰が何をすればいいのか。

国家緊急権は、行政権力が、一時的に、政府機関の権限を代わって行使すること。とりわけ、議会の立法権を代理して、法律としての効力をもつ緊急命令を発することでした。それゆえ、これを検証し、**憲法秩序に復帰する手続きの主体は、議会**（国会）であると考えられます。

ただし現行法には、緊急事態が解除されたあと、議会がこのような活動を行なう、という規定がありません。そこで議会は、とりあえず国政調査権を発動して、国家緊急事態調査特別委員会みたいなものを設置し、国家緊急権に関与した政府当事者を招致して、説明を求める。場合によっては証言を求めることになると思われます。

このほかに、国家緊急権の行使が憲法違反であるという訴訟が、裁判所に起こされるかもしれない。「憲法違反である」ことは、ほぼ明らかなので、そうした判決が出ると思われる。けれども、判決の確定までに時間がかかる。そして、憲法違反であると決まったとしても、どのように憲法秩序に復帰するかは、裁判所では扱えないので、やはり舞台は、議会（国会）になるでしょう。

議会では、何を検証するか。

政府が行なった行動が、いろいろあります。

まず、政府の命令。現行の法体系のなかに根拠をもたないものが、緊急命令です。これは、法律に準ずる効力を持つ。これらが全て廃止されるのか、今後も継続して効力を持つのかということを、議会が逐一審査し、決定していく。継続して効力を持つとする場合は、あらたに立法措置を行なうことによって、法律となる。いっぽう、無効となることが確認された場合は、議会の決定によって無効とされた日まで有効であったことが宣言される。(この宣言は、現行法ではできないので、新たな立法が必要になります。)

大日本帝国憲法には、緊急勅令の規定があって、議会が開会すると政府は緊急勅令を提出して、審議を依頼する。緊急命令の扱いは、この旧憲法の規定(第八条)が参考になるでしょう(二〇七ページ参照)。でもこんな規定がなくても、国会が主体的に創意工夫をして、緊急事態から平時の憲法秩序への復帰の主役にならなければいけない。

緊急事態のもとで出された政府の命令は、緊急事態が終了すれば、原則として、将来に向かって効力を消失します。

＊

二番目に、緊急事態の最中に、政府が行なった行為について、一つひとつ検証する。歳出行為（ものを買う）。契約行為。そのほかの行為。たとえば、この土地を使わせてくれとか、この船を徴用するとか、ここから立ち退けとか、病院の勤務をやめて救急チームに入れとか。これらの行為の効力は、すべてあったと考えなければならない。たとえば、倉庫にあった食糧を接収してしまった場合、所有権は移転してしまった。そして消費したから、いまさら返却できない。

三番目に、補償の問題。

平時の法律では、政府が住民や市民に被害を与えた場合、補償の義務が生じる。いっぽう戦時には、戦争の被害について一切の補償をしないというのが、古代からの確立した法理です。それでは緊急事態は、どちらの原理で考えるのか。

これは、緊急事態の種類とスケールの大きさによって、いちがいに言えません。けれども一般論として、政府の責任で生じた被害を補償する道を開いておいたほうがよいのではないか。*

政府の行為が緊急事態に立ち向かうために必要なものだったとしても、そのことによって、直接の不利益（生命が奪われる、安全が脅かされる、財産を失う、……）ということが起こった場合に、どうなるか。不法行為であれば、損害賠償の民事請求ができる。不法行為でないならば、損害賠償の民事請求ができるかどうか微妙である。

たとえば、パンデミックがさし迫ったケース。製薬会社が何百万人分のワクチンを持っていたとする。このワクチンは製薬会社の所有物で、注文に応じて病院や顧客に販売すべきものでした。ところが緊急事態だから、これをすべて政府に指定の価格で販売するように命令された。まあ無理矢理取られて、代わりに代金が支払われた。この取引がかりに、有効に成立していて合法だとされたとして、でもよく考えたら値段が安かった。そこで差額を政府に請求したい。こういう訴訟は起こせることになっていたほうがいい。

パンデミックで北海道と本州の間の移動が禁止されて、北海道から本州の病院に行って手術を受けるはずの人が手術を受けられなかった。その結果手遅れとなって死亡してしまった。移動禁止命令は公共の利益のために行なわれたもので、適切。でも、根拠法がない。ほんとうに必要な命令だったのかもはっきりしない。そこで、死亡した子どもに代わって両親が、損害賠償請求の民事訴訟を起こす。これは裁判所の個別判断になるが、こういう道も開いておいていい。

被害が甚大である場合に、賠償請求がいちどにたくさん提訴される可能性がある。これに応じきれないことが明らかな場合は、議会が、一律に補償を制限したり、あるいは逆に一律に補償を行なったりするなどの、個別の立法を行なうのが適当かもしれません。

＊　二一六ページからの福田官房長官の答弁も参照。

政府の行動が多岐にわたり複雑であればあるほど、さまざまな当事者が出てきてそこから被害を受けたといい、政府を相手に訴訟を起こす可能性がある。それらの訴訟は原則として自由であると考えるべき。これらの訴訟は全て政府に対する民事訴訟になります。

＊

政府の行為が違法で無効だと認めてほしいという、行政訴訟が起こされる可能性もあります。そういう訴訟はもちろん起こしてもいいわけだが、私は、国家緊急権の性質から、政府の行動が「適切」で「必要」だったので合法であった、という法判断が示されることを強く期待します。

政府職員の責任追及

最後に残るのが、政府職員の責任です。

政府職員には二種類がある。第一は、国家緊急権を行使し、緊急命令を出し、さまざまな指示を行なう政府職員。第二は、その命令や指示を受けて、実際に公務を担当する政府職員。後者は、国家緊急事態宣言を聞き、政府の緊急命令が超憲法的な措置であることを知りながら、抗命せず、命令や指示に従った人びとです。

原則を言えば、第二のカテゴリーの、命令に従っただけの政府職員は、彼らの行為の結果のいかんにかかわらず、その責任は免除すべきだと考えられる。もしもこの責任を個別に追及すると、政府職員に抗命権が定着し、政府は緊急命令が出せなくなることを、すでにのべました。それらの責任はすべて、第一のカテゴリーの、命令権者が負うべきです。

＊

では、国家緊急権を発動し、緊急命令を発し、さまざまな指示を下した政府の長の責任を、どのような根拠で、また手順で、誰がどのように追及するのか。

政府の長は、行政組織のトップに位置するから、行政組織のなかで彼の責任を追及するのは適当でない。その場所はまず、「国権の最高機関」である、議会でしょう。私の考える、責任追及の手順は、つぎの通りです。

一、政府の長（首相）は、緊急事態の終結を宣言したあと、自ら辞職する。（ついでに、政治家として所属する政党も、離脱したほうがよい。）

二、議会は、調査特別委員会を設けて、政府の長の政治責任を追及する。政治責任の追及がすんだあと、政治責任とは別に、刑事責任も追及すべきだという結論になったら、刑事告発の手続きをとる。

三、その場合には、裁判所が、刑事事件の被告人として、政府の長ほかの刑事責任を追及する。

首相を辞職させるには、国会で、内閣不信任決議案を可決するのが、唯一の方法です。この方法では、首相が、衆議院を解散するという対抗手段をとる可能性がある。こうした混乱を避けるために、首相が自ら辞職することが望ましい。国家緊急権の発動は、重大な憲法違反であるのだから、これを不文の原則とする必要がある。

アメリカ合衆国の大統領の弾劾《だんがい》手続きは、大統領が在職したまま進行する。大統領を辞職させることが、その目的だからです。それに対して、超憲法的権力をふるった政府の長の政治責任を追及するのは、当人が在職したまま行なうのは適当でない。当人が権力をもったままでは責任の追及が充分に行なえないおそれがあるのが第一。当人が在職のまま責任を追及すると、政府の業務に支障がうまれることが第二、です。

＊

政府（行政組織）の長は、政治家である。政治家は、自分の行為に対して、政治責任をとる。政治責任とは、必要な説明を行なったり、職を辞したり、つぎの選挙で落選したりすることです。それ以上の責任（刑事罰や賠償責任など）をとることは、求められない。

国家緊急事態を自ら宣言して、超憲法的な緊急命令を発し、大勢の人びとの生命と安全を直接に左右した政治家の責任は、通常の場合よりもはるかにはるかに重いと考えられる。とりわけ、「法令と職務規定にもとづいて行動するかぎり、刑事訴追をまぬがれる」という政府職員に与えられる保護は、適用されない。すなわち、国家緊急権を行使した結果生じた被害に対して、刑事責任を問うのが適当であると私は考えます。

刑事訴追を行なうのは、検察の権限である。しかし、この場合は、国会で政治責任が追及されることを優先し、刑事責任も追及するのが妥当であるという国会の判断が出てから、刑事訴追の手続きに入るのがよいと思います。

*

さて、緊急命令を発して、その結果人命が失われた場合、命令した政治家の刑事責任が免責されるかどうか。

緊急避難の法理によると、自然人が自分の生命を守るためにやむをえず、別な誰かの生命を危険にさらしたとしても免責される。守らなければならない自分の生命という、利益の実体がある。ゆえに緊急避難は正当化できる。

致死性の伝染病にかかった十人が海上を漂流していて、通りかかった客船に救助を求めた。客船には、健康な百人の乗客が乗りこんでいた。船長は、救助を断り、十人は漂流を続けて死亡した。船長は、伝染病のワクチンを接種していて、自分では緊急避難を主張できない立場だったとして、船長の刑事責任を問えるでしょうか。百人の乗客は、緊急避難を主張できるであろう。彼らの委託をうけた船長にも、同様の主張ができると考えてもいいのではないか。

国家緊急権の場合、守らなければならない人びとの生命という、利益の実体があるところは同じである。守ろうとしているのは、法人としての政府。自然人である人びとの付託を受けて、政府の長が緊急避難の行動を代行している、と考えられる。政府の長は自然人であるが、自分の生命を守ろうとしているわけではない。――このような類推が妥当するならば、政府の長は、かりに人身の被害が生じたとしても、そして、それが政府の行動によるという因果関係が明らかだとしても、刑事訴追を免れるとも考えられる。

とはいえ、このように考えられるのか、先例や判例や法理はみつからないかもしれません。

政治家の刑事責任を追及する例は、国際軍事法廷にみられます。

戦争やユダヤ人迫害のせいで、あまりにも大きな被害が生じた。ニュルンベルク裁判では、平和に対する罪、人類に対する罪などを事後法のようにして立て、ナチス・ドイツの指導者らを戦争犯罪人として裁いた。これを踏まえて東京裁判では、同じ罪状により、政府職員としてふつうに職務に従事していた政治家の責任を追及し、死刑を含む有罪判決を下した。戦争を企画・実行したことが、パリ不戦条約そのほかの国際法に違反する不法行為だ、というのです。これが先例になるならば、国家緊急権を発動し緊急命令を発して人命の損失をまねいた政治家は、刑事罰を下されるべきであることになる。

政府の長が国家緊急権を行使することが、国際法に違反する戦争を企図・実行することと同じような意味で、不法行為なのかどうかは、よく考えてみるべきです。

もうひとつ、国会の場で政府の長の責任をそもそも追及できるだろうか、という問題もあります。

＊

政府の長は、国会で多数を占める与党のリーダーである。野党がその責任を追及しようとすると、与党がそれを妨げるかもしれない。国会は立法機関であって、行政府に対する裁判機能を担うのに、最適とは言えない。

かと言って、裁判所は、裁判の専門機関であるが、根拠法をもとに刑事裁判や民事裁判を行なうのに適切でも、政治責任を判断するのには適していない。

ひとつの解決は、特別裁判所を新たに設けて、政府の長をつとめた政治家の政治責任を、審判することです。特別裁判所は、裁判官や国会議員を含む、適切な構成とする。日本国憲法には特別裁判所を設けないと規定してあるので、このような裁判所は設けられないとも考えられます。しかし、そもそも国家緊急権を行使するという超憲法的な行為を、憲法は予想していないので、それを裁くのに専門の裁判所を設けることは妥当だとも考えられる。また、日本国憲法が規定しているのは、刑事罰を課す可能性のある裁判のことであって、政治責任の有無を判定し、刑事訴追相当がどうかを判断するだけであれば、特別裁判所にはあたらないとも考えられる。

特別裁判所を設置するには、国会の審議と法律の制定が必要ですが、それには時間がかかります。そして、事後に裁判所を設置し遡《さかのぼ》って責任を追及するのは、遡及《そきゅう》の禁止の原則に抵触する、という有力な異論が提出されるでしょう。こうしたことを考えると、国会の特別調査委員会がその機能を果たすほうが、まだしも問題が少なく妥当である、と考えられます。

国家緊急権の規定をなぜ、設けないほうがよいか

国家緊急権を行使した政治家の責任を追及するには、国家緊急権の規定を憲法に設けないほうがよい、と私は思います。

各国の憲法をみると、国家緊急権を憲法に条文として規定している国もあれば、国家緊急権の規定を憲法にもたない国もある。両方の考え方があるのでした。

国家緊急権の規定を条文のかたちで盛り込もうとするのは、「法の支配」を重視するからでしょう。憲法は、権力を羈絆《きはん》し、権力を法のコントロールのもとにおくことを主眼とする。そこで、国家緊急権なる権力が、憲法の枠外で行使されることを異状とし、その規定を条文のかたちで設けることで、憲法の枠内に押し込めようとするのです。

そのねらいはよく理解できる。ただし条文を設けることは、国家緊急権にとって、必要でも充分でもないことを、すでに論じておきました（一三三ページ以降）。ここでは別な観点から、のべてみます。

＊

国家緊急権の規定を、条文のかたちで**憲法に設けることは、国家緊急権を行使する政治家を免責するという効果をうみます**。ゆえに、むしろ危険であり、慎重でなければなりません。

国家緊急権を行使する権限や、方法が、憲法や関連の緊急法令に書き込まれているとする。授権法にもとづいて業務を行なう、政府職員（役人）にはなじみやすい発想です。彼らはこれが、「法の支配」であると考える。そして、法令に従って行動しているかぎり、免責される、と強く期待する。法令に従って行動するかぎり、政府職員が個人責任を追及されないのは、長年にわたって確立された慣行です。

政府の長は、どう思うか。ここに国家緊急権の、憲法条項がある。法令の規定がある。それを発動したとしても、まったく合法的である。部下の政府職員は、指示に従うだろうし、彼らが責任に問われることもない。加えて、自分が法的責任を問われることもない。平時に、自分の決断が政治責任を問われるのと、少しも変わりがない。それなら、国家緊急権を発動することに、なんのリスクもないではないか。

こうして、憲法の条項や関連の法令が「整備」されると、国家緊急権を行使する「誘因」を高めます。つまり、本当に切迫した緊急事態でもないのに、政治的な理由で、緊急事態が宣言される可能性を高めます。

国家緊急権は、例外的で憲法外的な出来事。ゆえに、その本質から言って、憲法や法令に詳しく規定することになじまないのです。大きな政治的リスクを覚悟して、政府の長の個人責任において行使するのが正しい。

このようにハードルを上げると、逆に、国家緊急権を発動すべき本当の緊急事態なのに、政府の長が果敢にリスクをとることができず、発動ができないという心配も考えなければならないかもしれない。でもそれぐらいにハードルを上げ政治的リスクを高めておいたほうが、政府の長の覚悟と責任感が強まるので、その反対よりもずっとよいと私は思います。

＊

日本の政府職員は、授権法があると安心し、それを「法の支配」だと思う。

私に言わせれば、それは法の支配ではなくて、「規則の支配」です。

授権法を定めて、政府職員をそれに従わせ、政府を組織する。たしかにそれは、憲法秩序の一部である。法の支配と関係がある。

けれども、法の支配を、もっと広い枠組みのなかで考えることが、大切です。

「法の支配」とはなにか。

出発点は、日本人とよばれる人びとがおり、国家をつくろうと思ったこと。そこで、契約を結び、自分たちの政府をつくった。この契約が「憲法」。彼ら人びとが「主権者」。彼らが国家をつくろうと思ったその意思が「憲法制定権力」、です。

こうしてつくられた政府と、彼ら人びととは、法によって関係する。彼ら人びとも相互に法によって関係する。暴力で関係しない。法の前に人びとは平等である。政府は法を保護し、正義を保証する。このような秩序を、「法の支配」というのではないでしょうか。

法とはつまるところ、このような秩序を満たす「精神」（ものの考え方）のことである。憲法や法令の条文そのもののことではないのです。

政府職員は、主権者である人民との契約、すなわち憲法の条文に文字通り拘束されます。憲法とは憲法の条文のことである、法令とは法令の条文のことである、と思っていたほうがよいかもしれない。この限りで、「法の支配」と「規則の支配」は合致する。

いっぽう政府の長である政治家は、憲法にもとづき政府を率いる当事者として、法の「精神」をよく理解し体現できなければならない。たとえば憲法が、どのような条件で、主権者である人びとから政府に与えられたのかを理解する。それは人びとの、生命と安全と財産を守り、正義と平和を実現し、幸福を増進するためである。そのために政府は、憲法の条文に従って行動することが求められる。（そのように行動しなければ、憲法に違反したとして、追及される。）

ただしこれは、平時において。緊急時においては、話が異なります。

緊急時に、政府は、憲法の条文に拘束されていては、人びとの生命と安全を充分に守ることができない。緊急時に、人びとを守るために必要な行動をとることができるのは、政府だけである。政府はそのために存在する。それならば、政府は超憲法的に行動し、人びとを守るために必要なアクションをとる。これが、主権者である人民が望むことであり、政府にとって正しい行動です。**「必要」は、法をつくり出す**。新たな「必要」があるとき、憲法（の条文）とは異なる新たな法（憲法）が生まれる。これもまた、「法の支配」なのです。

政府の長はこの、不文の法を理解し、それを解釈して政府職員に命じ、必要と思われる行動をとる。また必要と思われる命令を、人びとに与える。緊急時にはそうした行動をとる以外になかったとしても、それはあくまで、政府の長をつとめる政治家個人の解釈（判断）にすぎない。そこで緊急時における政府の行動が、人びとを守るための真に「必要」なアクションだったかどうかを、検証することが大事になります。検証を通じて、国家緊急権の発動が、憲法（の条文）に合致しないという意味で超憲法的であっても、広い意味で憲法（の精神）に合致する合憲法的なものであったかどうかが、明らかになる。

このように、国家緊急権は、その国の人民と政府が、憲法をどこまで理解し体得しているかが確かめられる、憲法の上級問題なのです。

事後検証をどう制度化するか

緊急事態が終結し、憲法秩序に復帰したあと、政府の国家緊急権の行使をどのように検証するか。これは、やっかいな問題を含みます。

国家緊急権の行使は、超憲法的な出来事です。この出来事を検証する手続きのほうは、憲法的か。憲法の条文には、国家緊急権の行使について（少なくともいまのところ）書いてないので、書いていない出来事が起こったときにどうするかを書いておくわけにもいかない。もしも書いておくとすると、超憲法的な出来事を憲法が予想し、ある意味で承認したことになってしまう。それは高校の校則が、喫煙したときの罰金を決めておくようなものです。

それではなにも決めないでおけばよいか。実際に国家緊急権が行使された場合、それを事後検証しようとすると、手続きがない。事後検証は、一種の裁判だから、出来事が起こったあとで検証（裁判）のルールを定めるというのは、少し具合がわるい。ならば検証そのものを、憲法と無関係に行なうのはどうか。それでは、憲法の条文に定めがないのに国家緊急権を行使したと追及する側が、憲法の条文に定めがないやり方を採用していることになって、同じ穴のムジナであることになる（追及の正当性が怪しくなる）。

そこで実際的なのは、以下のようなやり方です。

緊急事態が終わり、もとの憲法秩序に復帰するのだから、国家緊急権の検証は、憲法に定めのある組織や手続きで行ない、新たな機関を設置したり手続きを創始したりしない。具体的には、

一、国会の調査特別委員会（政治責任を追及する）
二、通常の裁判所（刑事責任を追及する）

すなわち、先に本章でのべた通りです。これならば、いまのべたやっかいな問題を回避できるのです。

*

議会は古く、裁判所としての機能ももっていた。イギリスの議会は一六四九年、スコットランド軍を率いて攻め込んだ国王チャールズ一世を反逆罪で有罪とし処刑している。日本国憲法も国会に、裁判官の弾劾裁判所を設けると規定しています。

現代の日本の国会は、刑事裁判を行なわないかわりに、国政調査権をもっている。これは、行政府を監視し、真実と政治的責任を明らかにし、人びとに政府について知らしめるもの。民主主義の不可欠の一部分です。

国家緊急権を発動した政府の長を調査するのは、その刑事責任を追及するのが目的ではない。自分たちとその政府に何が起こったのか、人びとが知るため。それを理解し、そして記録し、**将来の教訓とし、憲法秩序をより強固なものにしていくため**です。調査特別委員会はこのために、収集した資料と事実関係の調査と証言とをもれなくおさめ、分析を加えた報告書を、書籍のかたちにまとめて出版しなければならない。

調査特別委員会は、緊急事態において政府が、限られた情報や資源のもとで、どこまで懸命に最善を尽くしたのかを、克明に明らかにする。これは、政府職員の英雄的な行動を記録にとどめる、顕彰の機能をもつ。また、政府の長ならびに補佐にあたる職員の、意思決定の誤りや遅れを記録にとどめ、失敗とその原因を検証する機能をもつ。

このような検証の作業は、刑事責任ではなしに、政治責任を追及するという意味をもつ。すなわちこの調査特別委員会は、ある意味で裁判所の機能をもつ。超憲法的な出来事を、憲法の枠組みのなかで扱おうとする場合に、いちばん適当な組織だと言えましょう。

＊

政府の長をつとめる政治家にしてみると、国家緊急権を発動したあと、事後の検証の場がそなわっていることは、助かるとも言えます。この検証の場がなければ、国家緊急権は超憲法的な手段であるので、憲法違反の嫌疑をかけられたまま一生を送り、歴史に不名誉な名を残すことになるかもしれない。検証の場で、国家緊急権の行使が真にやむをえないものであることが証明されれば、晴れて政治家の任務をまっとうしたと胸を張ることができる。

軍の指揮官も、事後の検証が待っているという点で、似たようなところがあります。かつて将軍や艦長は、会戦や海戦が終わると、軍事法廷で裁判にかけられた。戦線を離脱したり勇気が足りなかったり、判断を誤ったりした場合は、部下を死なせ敗戦を招いた責任で、死刑になった。フランス革命のあとフランス共和国では、敗れた将軍の死刑が慣例となったという。海戦で戦艦が沈む場合、艦長は、部下を退避させたあと、艦と運命を共にすることがあった。帰還して不名誉に処遇されるより、軍人としての名誉を優先させたのです。しかしこれは、卑怯《ひきょう》でもある。指揮官は帰還して、戦況について報告し、指揮が適切で正しかったか検証を受ける義務があるのです。愚かな指揮官でも、死ねば名誉が保たれるのでは、敗戦を教訓にすることもままならない。

指導者や指揮官が、自分が死ねばよいと考えるのは、ニヒリズムである。愚かな指揮官でも死ねば許される、というのと同じだからです。

調査特別委員会は、国家緊急権を行使した政治家を、糾弾するだけの場であってはならない。そんな場ならばと、検証に協力せず、場合によっては自殺する可能性すらある。そうではなくて、調査特別委員会は、国家緊急権という怪物（リヴァイアサン）の正体を見極める、共同作業の場です。あらかじめ正解が決まっているわけではない。これが最善だったか、よりよい方法はなかったかと、検討を加える機会である。対局を終えた棋士が盤面に石を最初から並べ直し、一手ずつ検討していくようなものです。

検証の過程で、刑法犯に該当するような、政府の意思決定と人命の被害との因果関係が認められたら、一般の裁判所に刑事告発の手続きをとる。これもまた、通常の憲法秩序の内部の手続きです。

政府職員のとるべき道

国家緊急権は、民主主義の憲法秩序だからこそ、意味をもつ概念です。専制政治や独裁政治ではそもそも、こんな権限は必要がない。

国家緊急権は、したがって、民主主義と憲法秩序を守るために、行使される。たまたまその機会に遭遇した政治家は、これを運命と思い、誇りをもって、その経験を主権者である人民に、また後世の人びとに証言しなければならない。

喜んで職を辞し、喜んで所属政党を離脱し、喜んで調査特別委員会に出席・協力し、喜んで刑事訴追を受け、喜んで有罪になる。これが政府の長、命令権者であった政治家の、とるべき態度だと思います。

命令を受けて行動した政府職員は、喜んで証言に応じ、すべての真実を包み隠さず明らかにする義務がある。そして、彼らの責任を追及すべきでない。

以上を要するに、国家緊急権は、民主主義と憲法秩序をよく理解し体得した人びとだけが扱うことができる、上級問題。初級問題や中級問題でつまずいているひとは、手をつけないで下さい。

しかし、日本の人びとは過去半世紀あまり、民主主義と憲法秩序に慣れ親しみ、充分に国家緊急権を理解できる下地ができていると思うのです。

＊

東日本大震災が起きて、福島第一原子力発電所から放射能がもれ出したとき、日本政府の上層部は地獄の蓋が開いたのをみたと思います。最悪の事態を考えると、恐るべきものがあった。そして、なんの準備も、国家緊急権という言葉さえも、そなわっていなかった。そして一般の人びとも、日本政府の上層部がなすすべなく苦難のときを迎えていたこと、いま必要なのは強力な政権の指導力であることを、理解していたはずです。

さいわい、最悪の事態は起こりませんでした。しかしやがて、新たな緊急事態がかたちを変えて、やってくると思わなければならない。本書の議論を、そのときにはぜひ役に立ててもらいたいと切に願うものです。

資料編

資料編目次

Ⅲ　緊急事態をめぐる、日本政府の見解　212

Ⅳ　日本の現行法の、緊急事態への言及　224

I　国家緊急権をめぐる、学説

現行の日本国憲法においては、国家緊急権に関する規定は存在しないことについて、

一、憲法への明文化を不要として国家緊急権を認める説

二、国家緊急権の規定がないことを法の不備と考え、明文化を要請する説

三、憲法に緊急権規定がないことを積極的に評価する説

という三つの代表的な学説がある。

以下、国家緊急権の代表的な定義とともに、三つの学説について典型的な主張を紹介する。

国家緊急権の定義

A　尾高朝雄　一九四七

《法も、法によつて保障される國民の權利も、國家あつてはじめて維持され得る。したがつて、法のためにに國家の安危を顧みないといふのは、最もはなはだしい本末顚倒である。さういふ立場から論ずるならば、法を破る權力の行使も、國家の存立を擁護するといふ最高目的の下に、なほかつ法であり權であるとして肯定され得ることになるであらう。かやうに、國家の存立を擁護するために、緊急事態に際しては法を破る權力がなほかつ法として發動し得るといふのが、「國家緊急權」の理論である。》

（『法の窮極に在るもの』有斐閣、一一四―一一五頁）

B　大西芳雄　一九七五

《国家の非常事態に際して、平常時の統治方法では社会の秩序を維持し、国家の存立を保持しえないような場合に、主権者がその権力に対する憲法的制約をかなぐりすて、超憲法的な権力をもって統治を行う作用をいう。このような超憲法的な権力行使は、憲法にそのような非常事態に対処する方法として緊急権が制度的に用意されていない場合におこるのである。》

（『憲法の基礎理論』有斐閣、一一〇八頁）

C　小林直樹　一九七九

《広義の国家緊急権は、国家および基本法秩序（ひいては国民生活全体）の維持・存続を脅かす重大な非常事態に対処するため、一時的に平時法制を超えた権限を政府（および／または軍部）に委任し、これに特別措置を可能ならしめる場合の例外権力をいう。》

（『国家緊急権』学陽書房、二五頁）

D　芦部信喜　一九九七

《戦争・内乱・恐慌・大規模な自然災害など、平時の統治機構をもっては対処できない非常事態において、国家の存立を維持するために、国家権力が、立憲的な憲法秩序を一時停止して非常措置をとる権限を、国家緊急権と言う。》

（『憲法〔新版〕』岩波書店、三三七頁）

E　佐藤幸治　一九九〇

《国家緊急権とは、戦争、内乱その他の原因により、平常時の統治機構と作用をもっては対応しえない緊急事態において、国家の存立と憲法秩序の回復をはかるためにとられる非常措置権のことをいう。立憲主義国家にあっては、立憲主義体制を一時停止して多かれ少なかれ権力集中を伴うのを通例とする。》

（『憲法〔新版〕』青林書院、四六頁）

現行の憲法規定をどうとらえるか

一、憲法への明文化を不要として国家緊急権を認める説

F　河原畯一郎　一九五八

《わが国の憲法には緊急事態に関する規定がないから、フランスの合囲状態法の如きものを予め制定しておくことは憲法上許されないのである。然らば、necessity の理論を援用し緊急事態が発生した場合、その都度、それを克服するに必要な最少限度の措置を立法部、またはそれが間に合わない場合には、行政部においてとることとするより外はないと思う。それを超憲法的な理論であるとし、その危険性を強調する人が多いと思われるが、necessity の有無とその限度の最終的判定権を裁判所に与えることにより、行過ぎを制することができると信ずるものである。》

（「マーシャル・ルール、反乱、緊急事態」『ジュ

リスト』第一六三号、四二頁）

G　高柳賢三　一九六四

《元来、非常事態が起ったとき、憲法の規定いかんにかかわらず、それに即応する非常措置をとりうることは、不文の原理である。国家の秩序維持を確保する権能は、自衛権とひとしく、国家に本質的なものであって憲法に明文がなくとも存在するものである。

日本国憲法では、このような場合に非常措置をとりうる根拠は、技術的には、〝公共の福祉〟に関する規定のうちに見いだされる。そしてこのような場合に、為政者のとった人権制限のための具体的措置が、現実の事態にてらして妥当であったかどうかは、最高裁の判定に服することになるのである。最高裁は、為政者の具体的措置が、現実の事態に即してやむをえないとみとめる場合には、公共の福祉に合致するものとして、これを違憲とすることはないが、それが現実の事態にてらし、人権を不必要に制限しているような場合には、その措置の全部または一部を違憲と判決することによって人権を保障するのである。

このようにして司法的抑制は、為政者が、非常事態の名の下にその権限を濫用することを防止する作用をいとなむことになるのである。》

（「憲法に関する逐条意見書」『ジュリスト』第二八九号、四二頁）

H　佐藤幸治　一九九〇

《憲法典上の規定の有無のみで緊急権の問題を割り切れるかどうかは問題であろう。憲法典中に規定をおくと濫用される危険があることは否めず、それを規定しないことは一つの見識であるが、放置すれば憲法典の実効性ないしその生命そのものが失われる緊急事態に不幸にして陥った場合、その救済をはかるため非常措置を講ずることは不文の法理として肯定せざるをえないのではないか。》

（『憲法〔新版〕』青林書院、四八頁）

二、国家緊急権の規定がないことを法の不備と考え、明文化を要請する説

I　大西芳雄　一九七五

《憲法にも法律にも非常事態に対する何らの措置を

も予定しない国は、一見、立憲主義の原則に忠実であるかのごとく見えて、実は、その反対物に顚落する危険性を含むものといってよかろう。》

（『憲法の基礎理論』有斐閣、二一四頁）

J　竹花光範　一九七七

《例外措置を要求する事態が予想される以上、はじめから、憲法体制のなかに合法的な制度としてそれを組みこんでおくことが、非常措置をイリーガルなものとしないためにも合理的である》

（「国家緊急権の法制化とその問題点」川西誠編『現代法の新展開――法と経済と道徳』新評論、八六頁）

K　新正幸　一九九五

《憲法沈黙積極評価の立場は、その意に反して、かえって非常の全権を引き出す結果となり、また「不文の法理」論は、その内容不確定の故に濫用の危険が多く、拡張解釈論は、平常時の憲法そのものを自ら蝕み死に至らしめる最悪のパターンであり、結局、占領下で制定された憲法の必然的空白として、率直に「憲法の欠缺」を認めざるをえない。緊急事態は、それ自体ひとつの歴史的・経験的事実であって、それに対する必要最小限の法制は不可欠と考えられる》

（「緊急権と抵抗権」樋口陽一編『講座・憲法学　第一巻　憲法と憲法学』、二二五―二二六頁）

三、憲法に緊急権規定がないことを積極的に評価する説

L　影山日出弥　一九七三

《日本国憲法は、国家緊急権の「制度、法規および原理」をまったくふくんでいない。このことについては不文の国家緊急権を肯定しないかぎり学説上異論は存在しない。日本国憲法の国家緊急権に対する基本的態度は、とりわけ九条の戦争放棄・軍備保有禁止条項に制約されて、国家緊急権によって対抗しなければならないと考えられてきた国家緊急状態の存在それ自体を否定しようとしたことにあるといってよい。したがって、憲法の規範体系全体をみても、国家緊急状態のいかなる類型も予定していないし、国家緊急状態のどの類型の発生も予定していない以上、それに対処する特殊な制度である国家緊急権の

メカニズムが存在するはずがないのである。かりに、なんらかの緊急状態が発生するとしても、それには、たとえば戦争状態、戒厳・緊急立法、基本権停止などの国家緊急権の措置によらないで、他の手段で対抗することがありうるだけである。》

（「緊急権」芦部信喜・池田政章・杉原泰雄編『演習　憲法』青林書院新社、一三一頁）

M　山内敏弘　一九七六

《日本国憲法が否定している国家緊急権を、わざわざ憲法を改正して制度化する必要はないのみならず、むしろそのような制度化は有害と言うべきである。》

（「国家緊急権と抵抗権」阿部照哉編『憲法』日本評論社、五六頁）

N　小林直樹　一九七九

《憲法が緊急権規定をもたなかったのは、ある種の人々が考えるように、憲法の欠缺《リュッケン》でも欠陥でもなくて、旧体制の経験にかんがみてその遺物を払拭するという過去に対するネガティブな側面と、平和原則および民主主義に徹するというポジティブな意味を有するといわねばなるまい。立法者意思をも考慮してこのように総合的に解釈すれば、緊急権に関する憲法の沈黙は、憲法の基本原則に憲法自ら忠実であろうとする規範的意味とともに、自由と平和を守るという高度に積極的な政治＝社会的意義も認められるであろう。》

（『国家緊急権』学陽書房、一八一頁）

O　水島朝穂　一九八三

《日本国憲法の国家緊急権に対する「沈黙」は、消極的には、成文憲法主義からくる不文の国家緊急権の否定を意味するとともに、積極的には、徹底した無軍備平和主義（前文・九条）に規定されて、軍の存在を前提とした執行権への権力集中をはかる国家緊急権のいかなる制度化をも拒否したものと解することができるだろう。》

（「国家緊急権」杉原泰雄編『憲法学の基礎概念I』勁草書房、二九五頁）

P　芦部信喜　一九九七

《この国家緊急権は、一方では、国家存亡の際に憲法の保持を図るものであるから、憲法保障の一形態と言えるが、他方では、立憲的な憲法秩序を一時的にせよ停止し、執行権への権力の集中と強化を図って危機を乗り切ろうとするものであるから、立憲主義を破壊する大きな危険性をもっている。したがって、実定法上の規定がなくても、国家緊急権は国家の自然権として是認される、とする説は、緊急権の発動を事実上国家権力の恣意に委ねることを容認するもので、過去における緊急権の濫用の経験に徴しても、これをとることはできない。超憲法的に行使される非常措置は、法の問題ではなく、事実ないし政治の問題である。この点で、自然権思想を推進力として発展してきた人権、その根底にあってそれを支えてきた抵抗権と、性質を異にする。》

（『憲法〔新版〕』岩波書店、三三七頁）

Q　村田尚紀　二〇〇三

《各国の例をみると、国家緊急権は、クーデタに利用されることが多い。憲法上手続・要件・効果を定めても、濫用されることが多かった。》

（「立憲主義と国家緊急権論」『憲法問題』第一四号、一一六頁）

Ⅱ　各国憲法の、国家緊急権に関する規定

フランス

フランス第五共和国憲法（一九五八年制定）

第十六条〔非常事態措置権〕

① 共和国の制度、国の独立、その領土の保全あるいは国際協約の履行が重大かつ直接に脅かされ、かつ、憲法上の公権力の適正な運営が中断されるときは、共和国大統領は、首相、両院議長、ならびに憲法院に公式に諮問した後、状況により必要とされる措置をとる。

② 共和国大統領は、これらの措置を教書（message）によって国民に通告する。

③ これらの措置は、最短の期間内に、憲法上の公権力に対してその任務を遂行する手段を確保させる意思に即して実施されなければならない。憲法院は、この問題について諮問される。

④〔この場合に〕国会は、当然に集会する。

〔原文：Le Parlement se réunit de plein droit.〕

⑤ 国民議会は、非常事態権限の行使中は解散されない。

⑥ 非常事態権限行使の三十日後に、国民議会議長、元老院議長、または、六十名の国民議会議員もしくは六十名の元老院議員は、第一項の要件についてその充足を審査するために憲法院に付託することができる。憲法院は、最短期間内に、公開の意見を表明して裁定する。憲法院は、非常事態権限の行使の六十日経過後、およびその期間を超えるといつでも、職権により当然に審査を行い、同一の条件により裁定することができる。

第三十六条〔戒厳令〕

① 戒厳令（l'état de siège）は、閣議において発令される。

② 十二日を超える戒厳令の延長は、国会によらなければ許諾されない。

【解説】

国家緊急権に相当する憲法の条項は「非常事態措置権（第十六条）」と「戒厳令（第三十六条）」の二つがある。フランスでは「戒厳令法」（一八四九年・一八七八年）に規定された「合囲状態」と呼ばれる

伝統的な緊急権制度があり、現在は一九五八年制定の第五共和国憲法第三十六条に引き継がれている（上記条文での l'état de siège が「合囲状態」に当たる）。合囲状態とは、フランスの伝統的な緊急権制度であり、一八九四年「合囲状態ニ関スル仏蘭西法律」によって具体的に定められている。合囲状態は、暴動、武装反乱などによって起こる局地的な緊急状態に対処するために宣言され、秩序維持のための文民当局の権限がすべて軍当局に移行する事態をいう。

個別の法律には「緊急状態法」（一九五五年制定）がある。ただしこれは戒厳令とは異なり、軍への権限移譲はなく、内務大臣や県知事に治安維持を目的とした指示を行う権限を与えるものである。

憲法第三十六条の戒厳令はこれまで発動されたことはないが、第十六条の非常事態措置権は一度だけ、一九六一年のアルジェリア危機の際、当時のド＝ゴール大統領によって発動された。

なお、フランスも含め、以下、諸外国の憲法条文は、初宿正典・辻村みよ子編『新解説世界憲法集〔第二版〕』（二〇一〇、三省堂）によった。

ドイツ

ドイツ連邦共和国基本法（一九四九年制定）

第十二a条〔国防その他の役務従事義務〕

① 男子に対しては、満十八歳から軍隊、連邦国境警備隊または民間防衛団における役務に従事する義務を課すことができる。

② 良心上の理由から武器をもってする軍務を拒否する者に対しては、代役に従事する義務を課すことができる。この代役の期間は兵役の期間を超えるものであってはならない。詳細は法律で規律するが、この法律は良心の決定の自由を侵害してはならず、かつ、軍隊および連邦国境警備隊に何ら関わりのない代役の可能性をも規定するものでなければならない。

③ 第一項または第二項に定める役務に徴用されていない国防義務者に対しては、防衛上の緊急事態〔＝戦争状態・非常事態〕において、法律により、または法律の根拠に基づいて、民間人の保護を含む防衛を目的とする非軍事的な役務給付のために、労務関係に就くことを義務づけることができるが、公法上の役務関係に就く義務を課すことは、警察的任務、または、公法上の役務関係でな

ければ履行しえない公の行政の高権的任務を引き受けさせるためにのみ許される。第一文による労務関係は、軍隊において、その給養に関する領域において、および公の行政について認めることができるが、民間人の給養に関する領域において労務関係に就く義務を課すことは、民間人の生活に必要な需要を満たし、または、民間人の保護を確保するためにのみ許される。

④ 防衛上の緊急事態において、民間の衛生施設および医療施設ならびに常駐の野戦病院における非軍事的役務給付の需要が志願者のみによっては満たされない場合には、法律により、または法律の根拠に基づいて、十八歳以上五十五歳までの女子をこの種の役務給付に徴用することができる。女子は、いかなる場合にも、武器をもってする役務を義務づけられてはならない。

⑤ 防衛上の緊急事態の発生以前においては、第三項の義務は第八十a条第一項に準拠してのみ課すことができる。第三項の役務給付を準備するために、特別の知識または熟練を必要とするときは、法律により、または法律の根拠に基づいて、訓練行事に参加する義務を負わせることができる。その限りにおいて、第一文は適用しない。

⑥ 防衛上の緊急事態において、第三項第二文に示された分野における労働力の需要が志願者のみによっては満たされない場合には、この需要を確保するために、法律により、または法律の根拠に基づいて、職業に従事することを放棄しまたは職場を放棄するドイツ人の自由を制限することができる。防衛上の緊急事態が発生する以前には、第五項第一文を準用する。

第十四条〔所有権・相続権・公用収用〕

③ 公用収用は、公共の福祉のためにのみ許される。公用収用は、法律により、または、補償の方法および程度を規律する法律の根拠に基づいてのみ、行うことが許される。その補償は、公共の利益および関係者の利益を正当に衡量して、定めるものとする。補償の額につき争いのあるときは、正規の裁判所で争う途が開かれている。

第二十条〔連邦国家、権力分立、社会的連邦国家、抵抗権〕

① ドイツ連邦共和国は、民主的かつ社会的な連邦国家である。

② すべての国家権力は、国民（Volk）に由来する。

国家権力は、選挙および投票において国民により、かつ、立法、執行権および裁判の個別の諸機関を通じて行使される。

③ 立法は憲法に適合する秩序に、執行権および裁判は法律および法に拘束されている。

④ この秩序を排除することを企てる何人に対しても、すべてのドイツ人は、他の救済手段が可能でない場合には、抵抗する権利を有する。

第二十三条〔欧州連合のための諸原則〕

① 統一された欧州を実現させるために、ドイツ連邦共和国は、欧州連合の発展に協力するが、この欧州連合は、民主的、法治国家的、社会的および連邦的な諸原則および補充性（Subsidiarität）の原則に義務づけられており、本質的な点でこの基本法の基本権保障に匹敵する基本権保障を有しているものとする。この点について、連邦は、連邦参議院の同意を得て、法律により高権を委譲することができる。欧州連合の創設に関して、ならびに、その条約上の根拠の変更およびこれに匹敵する規律であって、それによりこの基本法がその内容において変更もしくは補充され、またはかかる変更もしくは補充が可能となるようなものに関しては、第七十九条第二項および第三項を適用する。

第二十四条〔高権の委譲、集団的安全保障〕

① 連邦は、法律により、高権（Hoheitsrechte）を国際機関に委譲することができる。

第二十九条〔連邦領域の新編成〕

① 連邦領域は、ラントが規模および能力に応じて、そのラントに課せられた任務を実効的に遂行しうることを保障するために、新たに編成することができる。その場合には、同郷的結束、歴史的・文化的連関、経済的合目的性ならびに地域開発計画およびラントの国土計画の要請を考慮しなければならない。

② 連邦領域を新たに編成するための措置は、〔ラントの〕住民表決（Volksentscheid）によって追認されることを要する連邦法律によってなされる。当該ラントの意思は、聴かなければならない。

③ 住民表決が行われるラントは、その領域または領域の一部から新たなラント、または新たな境界を有するラントが形成されることになるラント（当該ラント）である。採決は、当該ラントが従来どおりに存続すべきか、または、新たなラントもしくは新たな境界を有するラントが形成される

べきか、という問題についてなされなければならない。新たなラント、または新たな境界を有するラントを形成することに関する住民表決は、将来の領域において、および、そのラントへの所属が同様の意味において変更されることになる、当該ラントの領域または領域の諸部分の全体において、そのたびごとに多数がその変更に同意する場合に、成立する。その住民表決は、当該ラントのうちの一のラントの領域において多数がその変更を拒絶するときは、成立しないが、その拒絶は、当該ラントへの所属が変更されることになる領域部分において、三分の二の多数がその変更に同意するときは、顧慮されない、ただし、当該ラントの全領域において三分の二の多数が変更を拒絶したときは、この限りでない。

④ 関連した、境界の区切られた住宅・経済地域で、その諸部分が複数のラントに属し、少なくとも人口百万人を有する所において、その地域の連邦議会の有権者の十分の一による住民請願（Volksbegehren）によって、この地域について統一的なラントへの所属を招来すべきことが要求されるときは、連邦法律によって、二年以内に、第二項によってラントへの所属を変更されるかどうかについて規定するか、または、当該ラントにおいて住民投票（Volksbefragung）が行われることを規定しなければならない。

⑤ 住民投票は、法律において提案されるべきラントへの所属の変更が同意を得られるかどうかを確認することを目的とする。その法律は、住民投票についての異なった提案をすることができるが、その提案は二つを超えることはできない。ラントへの所属の変更の提案に多数が賛成したときは、連邦法律によって、二年以内に、そのラントへの所属が第二項によって変更されるかどうかが規定されなければならない。住民投票に付された提案が第三項第三文および第四文の基準に合致した同意を得られたときは、その住民投票の実施後二年以内に、提案されたラントをつくるための連邦法律が発布されなければならない。その連邦法律は、もはや住民表決によって追認されることを要しない。

⑥ 住民表決および住民投票における多数とは、少なくとも連邦議会の有権者の四分の一を含む投票の過半数をいう。住民表決、住民請願および住民

投票についてのその他の詳細は、連邦法律で規律する。この法律は、五年の期間内は住民請願を繰り返すことができない旨を定めることもできる。

⑦　ラントの領域のその他の変更は、ラントへの所属が変更されることになる領域が五万人以上の人口を有しない場合には、関係するラント間の協約により、または、連邦参議院の同意を得た連邦法律によって行うことができる。詳細は、連邦参議院の同意および連邦議会議員の多数の同意を必要とする連邦法律で規律する。この連邦法律には、関係する市町村および郡の意見を聴取することが定められなければならない。

⑧　ラントは、第二項から第七項までの規定にかかわらず、ラント間の協約により、当該ラントにその時々に包括されている領域またはその領域の一部について、新たな編成を規律することができる。関係する市町村および郡は、〔意見の〕聴取を受けるものとする。その〔ラント間の〕協約は、それに参加するすべてのラントにおける住民表決によって承認されることを要する。その〔ラント間の〕協約がラントの領域の一部にかかわるものであるときは、その承認は、当該部分の住民表決のみに限定することができ、〔次の〕第五文後段は適用しない。住民表決において、投票総数の過半数の中に、連邦議会〔議員〕の有権者の少なくとも四分の一の投票が含まれているときは、その過半数で決定がなされることとし、詳細は、連邦法律で規律する。その〔ラント間の〕協約には、連邦議会の同意を必要とする。

第三十五条〔連邦およびラントの法律上および職務上の援助、災害救助〕

②　公共の安全および秩序を維持しまたは回復するために、ラントは、特別の重要性を有するときは、ラント警察が連邦国境警備隊の支援がなければ任務を遂行しえず、または、任務の遂行に著しい困難をきたす場合において、ラント警察の支援のために、連邦国境警備隊の力および施設を要請することができる。自然災害または特に重大な災厄事故の場合に救助を受けるために、ラントは、他のラントの警察力、他の行政官庁の力と施設、ならびに、連邦国境警備隊および軍隊の力と施設とを要請することができる。

③　自然災害または災厄事故が一のラントを超える領域に危険を及ぼすときは、連邦政府は、これに

有効に対処するのに必要な限度において、ラント政府に対し、他のラントのために警察力を使用させるべきことを指図することができ、また警察力を支援するために、連邦国境警備隊および軍隊の部隊を出動させることができる。第一文による連邦政府の措置は、連邦参議院の要求があるときはいつでも、〔また〕その他の場合には危険が除去されたのち遅滞なく、中止するものとする。

第四十三条〔連邦政府・連邦参議院の構成員の会議への出席・発言権〕

① 連邦議会およびその委員会は、連邦政府のどの構成員に対しても、その出席を要求することができる。

第五十三a条〔合同委員会の構成およびその手続〕

① 合同委員会は、その三分の二を連邦議会議員、三分の一を連邦参議院構成員で構成する。連邦議会議員は、院内諸政党の議員数の割合に応じて連邦議会によって定められ、議員は連邦政府に所属してはならない。各ラントは、その選任した連邦参議院構成員によって代表され、これらの構成員は〔ラントの〕指示に拘束されていない。合同委員会の組織およびその手続は、連邦議会が議決する委員会規則によって規律し、かつ、この規則には連邦参議院の同意を必要とする。

② 連邦政府は、防衛上の緊急事態に対する政府の計画について、合同委員会に報告しなければならない。第四十三条第一項による連邦議会およびその委員会の権利は影響を受けない。

第七十六条〔法律案の提出〕

② 連邦政府の法律案は、まず、連邦参議院に送付するものとする。連邦参議院は、六週間以内にこの法律案に対する態度を決める権限を有する。連邦参議院が重大な理由により、とりわけ法律案の範囲を考慮して、期限の延長を要求するときは、その期限は九週間となる。連邦政府は、法律案を連邦参議院に送付するに際してそれが例外的にとくに急を要するものである旨を表示した場合には、連邦参議院の態度決定がまだ連邦議会に到達していなくとも、三週間後に、または、連邦参議院が第三文により〔期限延長を〕要求したときは六週間後に、その法律案を連邦議会に送付することができるが、連邦政府は、連邦参議院の態度決定が到達した後、遅滞なくこれを連邦議会に追加提案しなければならない。この基本法を改正するため

の法律案および第二十三条または第二十四条により高権を委譲するための法律案については、態度決定のための期限は九週間となるが、第四文は適用されない。

第七十七条〔立法手続、法案審議合同協議会〕

① 連邦法律は、連邦議会が議決する。連邦法律は、それが採択された後、連邦議会議長を通じて、遅滞なく、連邦参議院に送付するものとする。

② 連邦参議院は、法律の議決を受け取ったときから三週間以内に、法律案を合同で審議するために連邦議会と連邦参議院の構成員で組織する委員会を招集すべきことを要求することができる。この委員会の構成および手続を規律する議事規則は、連邦議会によって議決され、連邦参議院の同意を必要とする。この委員会に派遣される連邦参議院の構成員は、指示に拘束されていない。法律が連邦参議院の同意を必要とするものであるときは、連邦議会および連邦政府も〔この委員会の〕招集を要求することができる。委員会が法律の議決の修正を提案したときは、連邦議会は改めて議決を行わなければならない。

④ 異議が連邦参議院の票決の過半数をもって議決されたときは、その異議は、連邦議会構成員の過半数の決議によって却下することができる。連邦参議院がその異議を少なくとも三分の二の多数をもって議決したときは、連邦議会がこれを却下するには、〔投票の〕三分の二の多数、少なくとも連邦議会構成員の過半数を必要とする。

第七十八条〔連邦法の成立要件〕

連邦議会によって議決された法律が成立するのは、連邦参議院が、同意したとき、第七十七条第二項による〔委員会招集の〕申立てをしなかったとき、第七十七条第三項の期間内に異議を申し入れず、もしくはこれを撤回したとき、またはその異議が連邦議会〔の投票〕によって否決されたときである。

第八十a条〔緊迫状態における法律の規定の適用〕

① この基本法、または民間人の保護を含む防衛に関する連邦法律において、本条の基準に従ってのみ法規定を適用することが許される旨が規定されているときは、その適用は、連邦議会が緊迫状態の発生を確定した場合、または、連邦議会が特別にその適用に同意した場合にのみ、許される。緊迫状態の確定、ならびに第十二a条第五項第一文および第六項第二文の場合における特別の同意に

は、投票数の三分の二の多数を必要とする。

② 第一項による法規定に基づく措置は、連邦議会の要求があるときは、廃止するものとする。

③ 第一項にかかわらず、国際機関が連邦政府の同意を得て同盟条約の枠内においてなす決定に基づき、かつその決定の基準に従って、このような法規定を適用することも、許される。本項による措置は、連邦議会がその構成員の過半数による要求があるときは、廃止するものとする。

第八十二条〔法律および法規命令の認証・公布・施行〕

① この基本法の規定に従って成立した法律は、副署ののち、連邦大統領によって認証され、連邦法律公報に公布する。法規命令は、これを発布する官署によって認証され、法律に特別の定めがある場合を除いては、連邦法律公報に公布する。

② いずれの法律およびいずれの法規命令も、施行の日を規定するべきである。このような規定がないときは、いずれの法律およびいずれの法規命令も、連邦法律公報が発行された日の経過後十四日目に効力を生ずる。

第八十七ａ条〔軍隊の設置、出勤、任務〕

④ 連邦もしくはラントの存立またはその自由で民主的な基本秩序に対する差し迫った危険を防止するために、連邦政府は、第九十一条第二項の要件が現に存在し、かつ、警察力および連邦国境警備隊〔の力〕が十分でない場合には、民間の物件を保護するに際し、および、組織されかつ軍事的に武装した反乱者を鎮圧するに際し、警察および連邦国境警備隊を支援するために、軍隊を出動させることができる。軍隊の出動は、連邦議会または連邦参議院の要求があれば取り止めるものとする。

第九十一条〔連邦またはラントの存立に対する危険の防止〕

① 連邦もしくはラントの存立またはその自由で民主的な基本秩序に対する差し迫った危険を防止するために、ラントは、他のラントの警察力ならびに他の行政官庁および連邦国境警備隊の力と施設とを要請することができる。

② 危険が迫っているラントにおいて、その危険と自ら戦う用意がなく、または戦える状態にないときは、連邦政府はこのラントの警察力および他のラントの警察力を連邦の指示に従わせ、ならびに連邦国境警備隊の部隊を出動させることができ

る。その命令は、危険が除去された後は、〔また〕その他の場合でも連邦参議院の要求があればいつでも廃止するものとする。その危険が一ラントを越える領域にまで及ぶときは、連邦政府は、実効的に〔危険と〕戦うために必要とされる限度において、ラント政府に指示を与えることができるが、第一文および第二文は、影響を受けない。

第九十一a条〔共同任務の概念・内容およびその遂行手続〕

① 連邦は、次に掲げる分野において、ラントの任務が全体のために重要な意味を持ち、かつ、連邦の協力が生活関係を改善するのに必要であるときは、ラントのそれらの任務の遂行に協力する（共同任務）。

1 地域的経済構造の改善
2 農業構造および沿岸保護の改善

② 共同任務および個々の点での調整は、連邦参議院の同意を得た連邦法律によって詳細に規定する。

③ 連邦は、第一項第一号の場合には、いずれのラントについても、その支出の半額を負担する。第一項第二号の場合には、連邦は少なくとも半額を負担するが、その〔資金の〕持ち分は、すべてのラントに対して統一的に確定するものとする。詳細は、法律で規律する。資金の準備は、連邦およびラントの予算案における〔その持ち分の〕確定をまつものとする。

第九十一b条〔教育計画および研究についての連邦とラントの協力〕

① 連邦およびラントは、特定の地域の枠を越えた意義を有する場合には、協定に基づき、以下の各号の事項の助成について協力することができる：

1 大学以外の学術的研究の設備および計画
2 大学における学術および研究の計画
3 大型装置を含む大学の研究建物

第一文第二号による協定には、すべてのラントの同意を必要とする。

② 連邦およびラントは、協定に基づき、国際的比較における教育制度の能率を査定するために、ならびにこれに関して報告し推薦するに際して、協力することができる。

③ 費用負担については、協定により規律する。

第百四条〔自由剥奪の際の権利保護〕

② 自由剥奪の許容およびその継続については、裁判官のみが決定するものとする。裁判官の命令に

基づかないすべての自由剝奪の場合には、遅滞なく、裁判官の決定がなされるものとする。警察が、逮捕した日の翌日の終了後も、自己の独断で自己の留置所に留置することは、何人に対しても、許されない。詳細は、法律で規律するものとする。

③ 何人でも、犯罪行為の嫌疑を理由として一時的に逮捕されたときは、遅くとも、逮捕された日の翌日には裁判官の下に引致されるものとし、裁判官は、この者に逮捕の理由を告げ、これに尋問し、かつ、これに異議申立ての機会を与えなければならない。裁判官は、遅滞なく、理由を付した文書による勾留書を発するか、または、釈放を命ずるかしなければならない。

第百四a条〔連邦とラントとの経費負担、財政援助〕

① 連邦およびラントは、この基本法に特別の定めのある場合を除いて、その任務を引き受けることにより生ずる経費を別々に負担する。

② ラントが連邦の委託によって行動するときは、それによって生ずる経費は連邦が負担する。

③ 金銭給付を伴い、かつ、ラントによって執行される連邦法律は、その金銭給付の全部または一部を連邦が負担する旨を定めることができる。連邦がその経費の半分またはそれ以上を負担する旨をその法律が定めるときは、その法律は、連邦の委託によって執行される。

④ 連邦法律が、第三者に対して金銭給付、金銭価値のある現物給付またはそれに匹敵する役務給付をなすべきラントの義務を根拠づけ、かつ、ラントが固有の事務として、または第三項第二文に基づいて連邦の委託によって当該連邦法律を執行する場合であって、そこから生じる支出がラントによって負担されることとなるときは、かかる連邦法律には連邦参議院の同意を必要とする。

⑤ 連邦およびラントは、その官庁において生ずる行政経費を負担し、かつ、相互の関係においては、秩序ある行政について責任を負う。詳細は、連邦参議院の同意を必要とする連邦法律によって、これを定める。

第百六条〔税収入の配分〕

① 財政専売の収益および次に掲げる租税の収入は、連邦に帰属する：

1 関税

2 第二項によってラントに帰属せず、第三項によって連邦およびラントに共同に帰属せず、ま

たは第六項によって市町村に帰属しない限度における、消費税

3　道路貨物運輸税、自動車税および機械化された交通手段に関わるその他の取引税

4　資本流通税、保険税および手形税

5　一回限りの財産課税および負担調整の実施のために徴収される調整課税

6　所得税付加税および法人税付加税

7　欧州共同体の範囲内での課税。

②　次に掲げる租税の収入は、ラントに帰属する：

1　財産税

2　相続税

3　第一項によって連邦に帰属せず、または第三項によって連邦およびラントに共同に帰属しない限度における、取引税

4　ビール税

5　賭博場税。

③　所得税、法人税および売上税は、所得税の収入が第五項によって、および、売上税の収入が第五a項によって、市町村に配分されない限度において、連邦とラントに共同に帰属する（共同租税）。所得税および法人税の収入については、連邦およびラントが各々半分ずつ取得する。売上税に対する連邦とラントの取得分は、連邦参議院の同意を必要とする連邦法律で確定する。その確定に際しては、次に掲げる諸原則を出発点とするものとする：

1　経常収入の範囲内においては、連邦とラントはその必要経費の補填を求める請求権を均しく有する。その際、経費の範囲は、多年にわたる財政計画を考慮しつつ調査するものとする

2　連邦およびラントの経費補填の要求は、公平な均衡が得られ、納税義務者の過重な負担を避け、連邦領域における生活関係の統一性が保持されるように、相互に調整するものとする。

売上税に対する連邦とラントの取得分の確定には、一九九六年一月以降において子ども〔の数〕の考慮から所得税法上ラントに生じる租税収入減が、付加的に算入される。詳細は第三文による連邦法律が規定する。

④　売上税に対する連邦とラントの取得分は、連邦とラントとの収支関係が甚だしく変動したときは、改めて確定するものとするが、その際には、第三項五文によって売上税の取得分の確定において付

加的に算入される租税収入減は、引き続き考慮に入れないままとする。連邦法律によってラントが付加的経費を課され、または、その収入を取り上げられる場合には、超過負担は、それが短期間に限定されているときは、連邦参議院の同意を必要とする連邦法律によって、連邦の財政補助割当金をもって調整することもできる。その法律には、この財政補助割当金の算定およびそのラントへの配分に関する諸原則が定められるものとする。

⑤　市町村は、所得税収入につき、その市町村の住民の所得税給付の基礎資料に基づいて、諸ラントから、これを市町村にさらに送付することとなる場合には、その取り分を取得する。詳細は、連邦参議院の同意を必要とする連邦法律で定める。その連邦法律には、市町村が市町村取得分に対する税率を確定する旨を規定することができる。

⑤a　市町村は、一九九八年一月一日以降は、売上税の収入の取り分を取得する。この取得分は、場所および経済に関連する基準率に基づいて、諸ラントから市町村にさらに送付する。詳細は、連邦参議院の同意を必要とする連邦法律で定める。

⑥　土地税および営業税の収入は、市町村に帰属し、地域的消費税・奢侈税は、市町村に、またはラントの立法の基準に従って市町村組合に、帰属する。市町村は、法律の範囲内において土地税および営業税の税率を確定する権利が与えられるものとする。ラント内に市町村が存在しないときは、土地税および営業税ならびに地域的消費税・奢侈税の収入は、ラントに帰属する。連邦およびラントは、割当により、営業税の収入にあずかることができる。割当に関する詳細は、連邦参議院の同意を必要とする連邦法律で定める。ラントの立法の基準に従って、土地税および営業税、ならびに所得税および売上税の収入に対する市町村の取得分を、割当に関する算定の基礎資料とすることができる。

⑦　共同租税の全収入に対するラントの取得分のうち、市町村および市町村組合に対し、全体で、ラントの立法によって定められる百分率が「収入として」与えられる。その他の点については、ラントの立法によって、ラントの租税の収入が市町村（市町村組合）の収入となるかどうか、またどの程度その収入となるかについて定める。

⑧　連邦が、個々のラントまたは市町村（市町村組合）において、これらのラントまたは市町村（市

町村組合）に経費増または収入減（特別負担）の直接の原因となるような、特別の設備を誘致するときは、連邦は、ラントまたは市町村（市町村組合）にその特別負担をかけることを要求することができないとき、およびその限度において、必要な調整〔＝補償〕を与える。その設備の結果としてこれらのラントまたは市町村（市町村組合）に生ずる第三者の補償給付および財政的利益は、その調整に際して考慮する。

⑨ 市町村（市町村組合）の収入および支出も、本条の意味におけるラントの収入および支出とみなす。

第百七条〔地域的収入、ラント間の財政調整〕

① ラントの租税の収入ならびに所得税および法人税の収入に対するラントの取得分は、それらの租税がそのラントの領域内の税財務官庁によって収受される限度において、個々のラントに帰属する（地域的収入）。法人税および勤労所得税に関しては、連邦参議院の同意を必要とする連邦法律によって、地域的収入の限定ならびにその配分の方法および範囲についての詳細な規定を設けるものとする。その法律には、その他の租税の地域的収入の限定およびその配分についての規定を設けることもできる。売上税の収入に対するラントの取得分は、そのラントの人口数の基準に従って、個々のラントに帰属するが、ラントの取得分の一部については、その四分の一までを上限として、連邦参議院の同意を必要とする連邦法律によって、ラントの租税からの収入、所得税および法人税からの収入、ならびに第百六b条による収入が、住民一人当たりにつき諸ラントの平均を下回るラントのための補充取得分として用いることを予定することができるものとし、不動産取得税については租税調達力を考慮するものとする。

② 法律によって、諸ラント間の異なる財政力が適当に調整されるよう確保するものとし、その際、市町村（市町村組合）の財政力および財政的需要を考慮するものとする。調整を求める資格を有するラントの調整請求権の要件、および、調整義務を課されるラントの調整義務の要件、ならびに、調整給付の額の基準を、その法律中に規定するものとする。その法律はまた、連邦がその資金の中から、給付能力の小さいラントに対し、その一般的な財政上の需要を補充的に補填するための割当

金（補充割当金）を与える旨を定めることもできる。

第百十五a条〔防衛上の緊急事態の定義およびその確定〕

① 連邦領域が武力によって攻撃され、または、このような攻撃が直前に差し迫っていること（防衛上の緊急事態）の確定は、連邦参議院の同意を得て、連邦議会が行う。その確定は、連邦政府の申立てに基づいて行い、連邦議会議員の投票数の三分の二の多数、少なくともその過半数を必要とする。

② 状況からして不可避的に即時に行動することが必要とされ、かつ、克服しえない障害があって連邦議会が適時に集会することが妨げられ、または、連邦議会が〔定足数に達しないために〕議決することが不可能なときは、合同委員会がその委員の投票数の三分の二の多数、少なくとも過半数をもってこの確定を行う。

③ その確定は、第八十二条に従って、連邦大統領によって連邦法律公報に公布される。適時に連邦法律公報に公布することが不可能なときは、公布は他の方法で行い、事情が連邦法律公報への公布を許すに至ったときは、直ちに追加して公布するものとする。

④ 連邦領域が武力によって攻撃され、管轄の連邦機関が、即時に第一項第一文の確定を行うことができないときは、この確定は行われたものとみなされ、かつ、その攻撃が開始された時点で公布されたものとみなす。連邦大統領は、事情が許せば直ちにその時点を告知する。

⑤ 防衛上の緊急事態が確定されたことが公布され、連邦領域が武力によって攻撃されるときは、連邦大統領は、連邦参議院の同意を得て、防衛上の緊急事態の存在について国際法上の宣言をすることができる。合同委員会は、第二項の要件の下に、連邦議会に代わるものとする。

第百十五b条〔連邦首相の命令・司令権〕

防衛上の緊急事態の公布とともに、軍隊に対する命令権および司令権は、連邦首相に移行する。

第百十五c条〔連邦の立法権限の拡大〕

① 連邦は、防衛上の緊急事態の場合には、ラントの立法権限に属する分野の事項についても、競合的立法権を有する。これらの法律には、連邦参議院の同意を必要とする。

② 防衛上の緊急事態の間、事態が必要とする限度

において、連邦法律によって、防衛上の緊急事態について、次のことをなしうる：

1　公用収用に際しては、第十四条第三項第二文によることなく、補償について暫定的に規律しうること

2　自由の剥奪について、裁判官が平時に適用される期間内に活動することができなかった場合のために、第百四条第二項第三文および第三項第一文とは異なる期間を、ただし最高四日の期間を、定めること。

③　現在する、または、直前に差し迫っている攻撃を防止するのに必要な限度において、防衛上の緊急事態のために、連邦参議院の同意を得た連邦法律によって、連邦およびラントの行政および財政制度について、第八章〔連邦法律の執行および連邦行政〕、第八a章〔共同任務、行政協力〕および第十章〔財政制度〕とは異なる規律をすることができるが、その際には、ラント、市町村および市町村組合の生存能力を、特に財政的な観点からも、保持するものとする。

④　第一項および第二項第一号による連邦法律は、その実施に備えるために、すでに、防衛上の緊急事態の発生する前の時点で、適用することが許される。

第百十五d条〔緊急の法律案〕

①　連邦の立法に関しては、防衛上の緊急事態においては、第七十六条第二項、第七十七条第一項第二文および第二項ないし第四項、第七十八条ならびに第八十二条第一項にかかわらず、第二項および第三項の規定を適用する。

②　連邦政府が緊急なものとして表示した法律案は、連邦議会に提出すると同時に連邦参議院にも送付するものとする。連邦議会および連邦参議院は、これらの法律案を遅滞なく共同で審議する。ある法律に連邦参議院の同意が必要とされる限度において、法律の成立にはその投票の過半数の同意を必要とする。詳細は、議事規則で規律するが、その議事規則は連邦議会で議決され、かつ、連邦参議院の同意を必要とする。

③　法律の公布については、第百十五a条第三項第二文を準用する。

第百十五e条〔合同委員会の地位およびその限界〕

①　合同委員会が、防衛上の緊急事態において、投票の三分の二の多数、少なくともその委員の過半

数をもって、連邦議会が適時に集会するためには克服しがたい障害があること、または、連邦議会が議決することが不可能であることを確定したときは、合同委員会は、連邦議会および連邦参議院の地位を有し、かつ、その諸権利を一致して行使する。

② 合同委員会の〔議決する〕法律によって基本法を変更し、その全部もしくは一部を失効させ、また、その適用を停止することは許されない。第二十三条第一項第二文、第二十四条第一項または第二十九条による法律を発布する権限は、合同委員会の有するところではない。

第百十五f条〔連邦政府の非常権限〕

① 連邦政府は、防衛上の緊急事態においては、事態が必要とする限度において、次のことをなしうる：

1 全連邦領域において連邦国境警備隊を出動させること

2 連邦行政〔官庁〕の他、ラント政府に対しても、また、連邦政府が緊急と認めるときは、ラントの諸官庁に対して、指図をなし、かつ、この権限を連邦政府によって特定されるラント政府の構成員に委譲すること。

② 連邦議会、連邦参議院および合同委員会は、第一項によってとられた措置について、遅滞なく、報告を受けるものとする。

第百十五g条〔連邦憲法裁判所の地位〕

連邦憲法裁判所およびその裁判官の憲法上の地位、およびその憲法上の任務の遂行は、侵害してはならない。連邦憲法裁判所法を合同委員会の〔議決する〕法律で変更することが許されるのは、連邦憲法裁判所の見解からしても、この変更が裁判所の活動能力を維持するのに必要であるとされる限度においてのみである。連邦憲法裁判所は、このような法律が発布されるまで、裁判所の活動能力を保持するのに必要な措置をとることができる。連邦憲法裁判所は、出席した裁判官の過半数をもって、第二文および第三文による決定を行う。

第百十五h条〔議会の被選期間および連邦憲法裁判所裁判官の在任期間〕

① 防衛上の緊急事態の間に満了する、連邦議会またはラントの議会の被選期間は、防衛上の緊急事態の終了後六カ月で終了する。防衛上の緊急事態に満了する連邦大統領の在任期間、および、その

職務が任期満了前に終了した場合の連邦参議院議長による職務の代行は、防衛上の緊急事態の終了後九カ月で終了する。防衛上の緊急事態中に終了する連邦憲法裁判所の構成員の任期は、防衛上の緊急事態の終了後六カ月で終了する。

② 合同委員会が連邦首相を新たに選出する必要があるときは、合同委員会はその委員の過半数をもって新たな連邦首相を選出するが、〔その場合には〕連邦大統領が、合同委員会に〔連邦首相候補者を〕提案する。合同委員会は、その委員の三分の二の多数をもって連邦首相の後任を選出することによってのみ、連邦首相に対して不信任を表明することができる。

③ 防衛上の緊急事態の継続中は、連邦議会の解散は行わない。

第百十五i条〔ラント政府の非常権限〕

① 連邦の管轄機関が、危険を防止するのに必要な措置をとることができず、かつ、状況からして不可避的に連邦領域の個々の部分において即時に独自に行動することが必要とされるときは、ラント政府またはラント政府の特定する官庁もしくは受託者は、その管轄区域について第百十五f条第一項の意味に即した措置をとる権限を有する。

② 第一項による措置については、連邦政府は、〔また〕ラントの官庁および連邦下級官庁との関係においては、ラントの総理大臣も、いつでも廃止することができる。

第百十五k条〔非常立法の序列および適用範囲〕

① 第百十五c条、第百十五e条、および第百十五g条による法律、ならびにこれらの法律の根拠に基づいて発布される法規命令は、それらを適用しうる間は、これに反する法の適用を停止せしめる。〔ただし〕第百十五c条、第百十五e条および第百十五g条の根拠に基づいて発布されていたそれ以前の法に対しては、この限りでない。

② 合同委員会が議決した法律、およびそれらの法律の根拠に基づいて発布された法規命令は、防衛上の緊急事態の終了後、遅くとも六カ月でその効力を失う。

③ 第九十一a条、第九十一b条、第百四a条、第百六条および第百七条と異なる規定を含む法律は、長くとも、防衛上の緊急事態の終了に続く第二会計年度の終りまでしか適用されない。これらの法律は、防衛上の緊急事態の終了後、連邦参議院の

同意を得た連邦法律によって変更し、これを第八a章および第十章による規律に移すことができる。

第百十五ー条〔合同委員会の法律の廃止、防衛上の緊急事態の終了、講和〕

① 連邦議会は、いつでも、連邦参議院の同意を得て、合同委員会の法律を廃止することができる。連邦参議院は、連邦議会がこのことについて議決すべきことを要求することができる。合同委員会または連邦政府が、危険を防止するためにとったその他の措置は、連邦議会および連邦参議院が廃止すべきことを議決した場合には、廃止しなければならない。

② 連邦議会は、連邦参議院の同意を得て、いつでも、連邦大統領が公布すべき議決によって、防衛上の緊急事態の終了を宣言することができる。連邦参議院は、連邦議会がこのことについて議決すべきことを要求することができる。防衛上の緊急事態は、それを確定するための要件がもはや存在しないときは、遅滞なく、それが終了したことを宣言しなければならない。

③ 講和条約の締結については、連邦法律によって決定する。

ワイマール憲法（一九一九年制定、一九四九年失効）

第四十八条

① ラント中、ライヒの憲法または法律によって課せられた義務を履行しないものがあるときは、ライヒ大統領は兵力を用いてその義務を履行させることができる。

② ドイツ国内において公共の安寧秩序に重大な障害を生じまたは障害を生ずる危険のあるときは、ライヒ大統領は、公共の安寧秩序を回復するのに必要な処置を行い、必要あるときは兵力を用いることができる。このためには、ライヒ大統領は、第百十四条〔人身の自由〕、第百十五条〔住居の不可侵〕、第百十七条〔信書・郵便・電信電話の秘密〕、第百十八条〔言論の自由・検閲の禁止〕、第百二十三条〔集会の自由〕、第百二十四条〔結社の自由〕および第百五十三条〔所有権の保障〕に定めた基本権の全部または一部を一時的に停止することができる。

③ 本条第一項または第二項に従って行なったすべての処置について、ライヒ大統領は、遅滞なくこれをライヒ議会に報告しなければならない。ライヒ議会の要求あるときは、処置はその効力を失う。

④　急迫の事情ある場合には、各ラント政府はその領域内において、かりに、第二項に定める処置を行うことができる。この処置はライヒ大統領またはライヒ議会の要求あるときは、その効力を失う。
⑤　詳細は、ライヒ法律によって定める。

【解説】

　ドイツでは、一九六八年の第十七次ドイツ連邦共和国基本法改正によって、緊急権制度が導入された（主として第百十五a条から百十五l条まで）。

　緊急事態は、外的緊急事態と内的緊急事態に分けられる。前者は、外国からの攻撃など国外における要因により生じるものであり、第八十a条、第百十五a条に規定される。後者は、自然災害など国内における要因により生じるものであり、第三十五条、第八十七a条、第九十一条に規定される。

　緊急事態に際しての国民の徴用については、第十二a条が参照される。また、抵抗権に関する規定も設けられている（第二十条）。

　併せて、ワイマール憲法から第四十八条を掲載した。第二項の、諸権利の停止をめぐる規定は、ナチスによる広範な統制の法律的根拠となった。ワイマール憲法の訳文は、カール・シュミット著、阿部照哉・村上義弘訳『憲法論』（一九七四、みすず書房）付録によった。

イギリス

【解説】

　イギリス（グレートブリテンおよび北アイルランド連合王国）には、単一の成文憲法は存在せず、憲法は議会制定法、判例法としてのコモン・ローなどから構成されている。また、英米法には、侵略あるいは内乱などの国家緊急事態の際、行政府は秩序や公安を維持または回復するために必要な措置をとることを認める「マーシャル・ロー（martial law）」という不文の制度が存在する。

　したがって緊急事態においては、マーシャル・ローに基づき、行政府は、平時においては違憲あるいは違法と考えられる措置も講ずることができると考えられ、その措置は、事後に議会が免責法を可決して違法行為を合法化するのが一般的であった。ただし、マーシャル・ローの布告においても「議会主権」「法の支配」の原則は影響を受けず、コモン・

ロー上の権利として考えられている。この点において、マーシャル・ローは、立法権と行政権を行政府に集中させる大陸法系諸国の緊急権とは性質を大きく異にする。

だが、第一次世界大戦以降は、緊急事態対処について制定法主義への転換が図られ、マーシャル・ローの現実的な意義は失っていると考えられている。防衛に関する緊急事態については「国土防衛法」や「一九三九年・一九四〇年緊急権法」が、防衛以外の事項に関する緊急事態については「一九二〇年緊急権法」が制定された。その後、両者を統合する形の「一九六四年緊急権法」を経て、現在は「二〇〇四年民間緊急事態法」が効力を有している。この法律は、戦争、テロ攻撃、自然災害、伝染病などの緊急事態に対応する包括的枠組みの構築を目的としており、食糧、燃料、交通手段等の供給が崩壊し、それによって国民生活から生活必需品が剝奪される場合に、国王は緊急事態を宣言できるとされている。

アメリカ

アメリカ合衆国憲法（一七八八年制定）

第二条〔大統領〕

第一節〔執行権、大統領の任期・選挙方法・資格・地位の承継等〕

① 執行権は、アメリカ合衆国大統領に属する。大統領の任期は四年とし、同一任期で選任される副大統領と共に、次に定める方法で選挙される。

第二節〔大統領の権限〕

① 大統領は、合衆国の陸海軍および現に招集されて合衆国の軍務に服している各州の民兵の総指揮官である。大統領は、行政各部局の長に対し、それぞれの職務に関するいかなる事項についても、書面による意見具申を求めることができる。大統領は、弾劾の場合を除き、合衆国に対する犯罪について刑の執行停止および恩赦を行う権限を有する。

【解説】

アメリカもまたマーシャル・ローが存在するため、アメリカ合衆国憲法には、国家緊急権を定めた規定は明文化されていない。大統領は、国家緊急事態において、国家の存立を保持するために必要なあらゆる権限を付与されていると考えられており、その権限行使の法的根拠は、第二条第一節第一項、第二条第二節第一項に求められると考えられている。したがって、英国同様に、非常時での憲法停止は認められていない。

第一次大戦以降は、危機に際して、大統領は、権限行使の前に、国家緊急事態宣言の布告を行うようになった。すなわち、あらかじめ議会の承認を得て、緊急権を行使するという手続きをとり、大統領への委任立法を行うということである。実際、大恐慌時には、ローズヴェルト大統領による国家緊急事態宣言の後、広範な委任立法が行われた。

こうした大統領の権限に対し、大統領の戦争権限を議会が抑制する「戦争権限法」（一九七三年）や、国家緊急事態に際して議会の関与や役割を明確にする「国家緊急事態法」（一九七六年）が定められている。

韓　国

大韓民国憲法（一九八七年制定）

第七十六条〔緊急処分および命令〕

① 大統領は、内憂、外患、天災、地変または重大なる財政上および経済上の危機においては、国家の安全保障または公共の安寧秩序を維持するために、緊急な措置が必要となり、かつ、国会の招集を待つ余裕がないときに限り、最小限に必要な財政上および経済上の処分をするか、またはこれに関して法律の効力を有する命令を発することができる。

② 大統領は、国家の安危にかかわる重大な交戦状態においては、国家を保衛するために緊急な措置が必要となり、かつ、国会の招集が不可能なときに限り、法律の効力を有する命令を発することができる。

③ 大統領は、前二項の規定による処分または命令をしたときは、遅滞なく国会に報告し、その承認を得なければならない。

④ 前項に規定する承認を得られなかったときには、その処分または命令は、その時から効力を失う。この場合、その命令により、改正または廃止された法律は、その命令に対する承認を得られなかった時から、当然にその効力を回復する。

⑤ 大統領は、前二項の規定による事由を、遅滞なく公布しなければならない。

第七十七条〔戒厳の宣布等〕

① 大統領は、戦時、事変またはこれに準ずる国家非常事態において、兵力でもって軍事上の必要に応じるか、または公共の安寧秩序を維持する必要があるときは、法律の定めるところにより、戒厳を宣布することができる。

② 戒厳は、非常戒厳および警備戒厳とする。

③ 非常戒厳を宣布したときは、法律の定めるところにより、令状制度ならびに言論、出版、集会および結社の自由ならびに政府および法院の権限に関して、特別な措置を講じることができる。

④ 戒厳を宣布したときは、大統領は遅滞なく国会に通告しなければならない。

⑤ 国会が、在籍議員の過半数の賛成により、戒厳の解除を求めたときは、大統領は、これを解除しなければならない。

【解説】

朝鮮戦争以来、北朝鮮との緊張関係が続いている韓国にはさまざまな緊急事態を想定した憲法や法律の規定がある。

憲法では、大統領による緊急命令、戒厳の宣布を定めるとともに、戒厳下では言論、出版、結社の自由、さらには政府、裁判所の権限にも制限を加えることができるとされている。

また、個別の法律としては、「戒厳法」や「統合防衛法」などがある。

ロシア

ロシア連邦憲法（一九九三年制定）

第五十六条〔非常事態における権利・自由の制限〕

① 非常事態にある場合、市民の安全の保障と憲法体制の擁護のために、連邦の憲法法律にしたがって、施行の範囲と期間を明示して権利および自由の一定の制限を定めることができる。

② ロシア連邦の全土およびその一部の地方における非常事態は、連邦の憲法法律に定める事由がある場合にその定める手続にしたがって、これを導入することができる。

第八十七条〔軍の最高司令〕

① ロシア連邦大統領は、ロシア連邦軍の最高司令官である。

② ロシア連邦が侵略され、またはその直接的な危

険がある場合、ロシア連邦大統領は、ロシア連邦の全土または一部の地域に戒厳令を布告し、遅滞なくこれを連邦会議および国家会議に通知する。

③ 戒厳令の体制は、連邦の憲法法律によってこれを定める。

第八十八条〔非常事態の導入〕

ロシア連邦大統領は、ロシア連邦憲法および連邦の憲法法律に定める事由がある場合その手続により、ロシア連邦の全土またはその一部の地域に非常事態を導入し、遅滞なくこれを連邦会議および国家会議に通知する。

【解説】

ロシア連邦憲法において、大統領による戒厳令の布告、非常事態の導入が定められている。

日　本

大日本帝国憲法（一八八九年公布、一八九〇年発効。一九四七年失効）と、その条文に対応した『憲法義解』（伊藤博文著、一八八九）の解説

第八条 天皇ハ公共ノ安全ヲ保持シ又ハ其ノ災厄ヲ避クル為緊急ノ必要ニ由リ帝国議会閉会ノ場合ニ於テ法律ニ代ルヘキ勅令ヲ発ス

2 此ノ勅令ハ次ノ会期ニ於テ帝国議会ニ提出スヘシ若議会ニ於テ承諾セサルトキハ政府ハ将来ニ向テ其ノ効力ヲ失フコトヲ公布スヘシ

憲法義解《恭テ按スルニ國家一旦急迫ノ事アルニ臨ミ又ハ國民凶荒癘疫及其ノ他ノ災害アルニ當テ公共ノ安全ヲ保チ其ノ災厄ヲ豫防救濟スル爲ニ力ノ及フ所ヲ極メテ必要ノ處分ヲ施サヽルコトヲ得ス此ノ時ニ於テ議會偶〻開會ノ期ニ在ラサルニ當テハ政府ハ進テ其ノ責ヲ執リ勅令ヲ發シテ法律ニ代ヘ遺計無ラシムルハ國家自衞及保護ノ道ニ於テ固ヨリ已ムヲ得サルニ出ル者ナリ故ニ前第五條ニ於テ立法權ノ行用ハ議會ノ協賛ヲ經ト云ヘルハ其ノ常ヲ示スナリ本條ニ勅令ヲ以テ法律ニ代フルコトヲ許スハ緊急時機ノ爲ニ除─外─例ヲ示スナリ是ヲ緊急命令ノ權トス抑〻緊急命令ノ權ハ憲法ノ許ス所ニシテ又憲法ノ尤濫用ヲ戒ムル所ナリ憲法ハ公共ノ安全ヲ保持シ又ハ災厄ヲ避クル爲ノ緊急ナル必要ニ限リ此ノ特權ヲ用井《ママ》ルコトヲ許シ而シテ利益ヲ保護シ幸福ヲ増進スルノ

通常ノ理由ニ因リ之ヲ濫用スルコトヲ許サス故ニ緊急命令ハ其ノ之ヲ發スルニ當テ本條ニ準據スルコトヲ宣告スルヲ式トスヘキナリ若政府ニシテ此ノ特權ニ託シ容易ニ議會ノ公議ヲ回避スルノ方便トナシ又以テ容易ニ既定ノ法律ヲ破壞スルニ至ルコトアラハ憲法ノ條規ハ亦空文ニ歸シ一モ臣民ノ爲ニ保障ヲ爲スコト能ハサラムトス故ニ本條ハ又議會ヲ以テ此ノ特權ノ監督者タラシメ緊急命令ヲ事後ニ檢査シテ之ヲ承諾セシムヘキコトヲ定メタリ

本條ハ憲法ノ中ニ於テ疑問尤多キ者トス今逐一問目ヲ設ケテ以テ之ヲ解釋セムトス第一此ノ勅令ハ以テ法律ノ曠缺ヲ補充スルニ止マルカ又ハ現行ノ法律ヲ停止シ變更シ廢止スルコトヲ得ルカ曰此ノ勅令ハ既ニ憲法ニ依リ法律ニ代ルノ力ヲ有スルトキハ凡ソ法律ノ爲スコトヲ得ルノ事ハ皆此ノ勅令ノ爲スコトヲ得ル所タリ但シ次ノ會期ニ於テ議會若之ヲ承諾セサルトキハ政府ハ此ノ勅令ノ效力ヲ失フコトヲ公布スルト同時ニ其ノ廢止又ハ變更シタル所ノ法律ハ總テ其ノ舊ニ復スヘキナリ第二議會ニシテ此ノ勅令ヲ承諾スルトキハ其ノ效力ハ如何曰更ニ公布ヲ待タスシテ勅令ハ將來ニ法律ノ效力ヲ繼續スヘキナリ第三議會ニシテ此ノ勅令ノ承諾ヲ拒ムトキハ政府ハ更ニ將來ニ效力ヲ失フノ旨ヲ公布スルノ義務ヲ負フハ何ソ乎曰公布ニ依テ始メテ人民遵由ノ義務ヲ解ケハナリ第四議會ハ何ノ理由ニ因リ其ノ承諾ヲ拒ムコトヲ得ヘキヤ曰此ノ勅令ノ憲法ニ矛盾シ又ハ本條ニ掲ケタル要件ヲ缺キタルコトヲ發見シタルトキ又ハ其ノ他ノ立法上ノ意見ニ由リ承諾ヲ拒ムコトヲ得ヘシ第五此ノ勅令ニシテ政府若次ノ會期ニ於テ之ヲ議會ニ提出セサルトキ或ハ議會其ノ承諾ヲ拒ムノ後政府ニ於テ仍廢止ノ令ヲ發セサルトキハ如何曰政府ハ憲法違反ノ責ヲ負フヘキナリ第六議會若承諾ヲ拒ムトキハ前日ニ泝リ勅令ノ效力ヲ取消スコトヲ求ムルコトヲ得ルカ曰憲法既ニ君主ノ緊急命令ヲ發シテ以テ法律ニ代フルコトヲ許シタルトキハ其ノ勅令ノ成存スルノ日ハ其ノ效力ヲ有スヘキハ固ヨリ當然タリ故ニ議會之ヲ承諾セサルトキハ單ニ將來ニ法律トシテ繼續ノ效力ヲ有スルコトヲ拒ムコトヲ得而シテ之ヲ過去ニ及ホスコトヲ得サルナリ第七議會ハ勅令ヲ修正シテ以テ之ヲ承諾スルコトヲ得ヘキカ曰本條ノ正文ニ依レハ議會ハ之ヲ承諾シ又ハ承諾セサルノ二途ノ一ヲ取ルコトヲ得、而シテ之ヲ修正スルコトヲ得サルナリ》

第十四条　天皇ハ戒厳ヲ宣告ス

２　戒厳ノ要件及効力ハ法律ヲ以テ之ヲ定ム

憲法義解《恭テ按スルニ戒嚴ハ外敵内變ノ時機ニ臨ミ常法ヲ停止シ司法及行政ノ一部ヲ擧ケテ之ヲ軍事處分ニ委ヌル者ナリ本條ハ戒嚴ノ要件及効力ヲ以テ法律ノ定ムル所トシ其ノ法律ノ條項ニ準據シテ時ニ臨テ之ヲ宣告シ又ハ其ノ宣告ヲ解クハ之ヲ至尊ノ大權ニ歸シタリ要件トハ戒嚴ヲ宣告スルノ時機及區域ニ於ケル必要ナル限局及宣告スル爲ノ必要ナル規程ヲ謂フ効力トハ戒嚴ヲ宣告スルノ結果ニ依リ權力ノ及フ所ノ限界ヲ謂フ

合圍ノ地ニ在テ戰權ヲ施行シ臨時戒嚴ヲ宣告スルハ之ヲ其ノ地ノ司令官ニ委子《ママ》處分シテ後ニ上申スルコトヲ許ス此レ又法律ニ於テ便宜ニ至尊ノ大權ヲ將帥ニ委任スル者ナリ十五年三十六號布告》

第三十一条　本章ニ掲ケタル条規ハ戦時又ハ国家事変ノ場合ニ於テ天皇大権ノ施行ヲ妨クルコトナシ

憲法義解《本章掲クル所ノ條規ハ憲法ニ於テ臣民ノ權利ヲ保明スル者ナリ蓋立憲ノ主義ハ獨臣民ノミ法律ニ服從スルニ非ス又臣民ノ上ニ勢力ヲ有スル國權ノ運用ヲシテ法律ノ檢束ヲ受ケシムルニ在リ唯然リ故ニ臣民倚テ以テ其ノ權利財産ノ安全ヲ享有シテ專横不法ノ疑懼ヲ免ル、コトヲ得ヘシ此レヲ本章ノ大義トス但シ憲法ハ猶非常ノ變局ノ爲ニ非常ノ例外ヲ掲クルコトヲ怠ラス蓋國家ノ最大目的ハ其ノ存立ヲ保持スルニ在リ練熟ナル船長ハ覆沒ヲ避ケ航客ノ生命ヲ救フ爲ニ必要ナルトキハ其ノ積荷ヲ海中ニ投棄セサルヘカラス良將ハ全軍ノ敗ヲ避クル爲ニ已ムヲ得サルノ時機ニ當リテ其ノ一部曲ヲ棄テサルコトヲ得ス國權ハ危難ノ時機ニ際シ國家及國民ヲ救濟シテ其ノ存立ヲ保全スル爲ニ唯一ノ必要方法アリト認ムルトキハ斷シテ法律及臣民權利ノ一部ヲ犧牲ニシテ以テ其ノ最大目的ヲ達セサルヘカラス此レ乃元首ノ權利ナルノミナラス亦其ノ最大義務タリ國家ニシテ若此ノ非常權ナカリセハ國權ハ非常ノ時機ニ際リテ其ノ職ヲ盡スニ由ナカラムトス

各國ノ憲法ニ或ハ此ノ義ヲ明示シ或ハ明示セサルトニ拘ラス其實際ニ於テ存立ヲ保全スル國權ノ權力ヲ認許セサルハアラス何トナレハ各國總テ皆戰時ノ爲ニ必要ナル處分ヲ施行スルハ誣フヘカラサルノ事實

ナレハナリ但シ常變ノ際、間ニ髪ヲ容ル、コト能ハス夫ノ時機ノ必要ニ非スシテ妄ニ非常權ニ推托シ以テ臣民ノ權利ヲ蹂躪スルカ如キハ各國憲法ノ決シテ許サヽル所ナリ蓋正條ニ非常權ヲ掲ケ及其ノ要件ヲ示ス者ハ非常ノ時機ノ爲ニ憲法上ノ空缺ヲ遺スコトヲ肯ムセサルナリ或ル國ニ於テ之ヲ不言ニ附スル者ハ臨機ノ處分ヲ以テ憲法區域ノ外ニ置キ議院ノ判決ニ任セ以テ其ノ違法ノ責ヲ解カムトスルナリ而シテ近世ノ國法學ヲ論スル者甲ノ方法ノ尤完全ナルヲ賛稱ス》

第七十条　公共ノ安全ヲ保持スル為緊急ノ需用アル場合ニ於テ内外ノ情形ニ因リ政府ハ帝国議会ヲ召集スルコト能ハサルトキハ勅令ニ依リ財政上必要ノ処分ヲ為スコトヲ得

2　前項ノ場合ニ於テハ次ノ会期ニ於テ帝国議会ニ提出シ其ノ承諾ヲ求ムルヲ要ス

憲法義解《本條ノ解釋ハ既ニ第八條ニ具ハル但シ第八條ト異ナル所ノ者ハ第八條ハ憲法ニ於テ議會開會セサルトキハ臨時會ノ召集ヲ要セス本條ハ議會開會セサルトキハ臨時會ノ召集ヲ要ス而シテ内外ノ情形ニ由リ議會ヲ召集シ能ハサルトキニ限リ始メテ議會ノ叶同ヲ待タスシテ必要ノ處分ヲ施スコトヲ得蓋本條ハ專ラ財政ニ關ルヲ以テ更ニ一層ノ愼重ヲ加フルナリ

所謂財政上必要ノ處分トハ立法議會ノ協賛ヲ經ヘキ者ニシテ而シテ臨時緊急ノ場合ノ爲ニ協賛ヲ經スシテ處分スルヲ謂フ

臨時財政ノ處分ニシテ將來ニ國庫ノ爲ニ義務ヲ生スル者若議會ノ事後承諾ヲ得サルトキハ何等ノ結果ヲ生スヘキ乎蓋議會ノ承諾ヲ拒ムハ將來ニ繼行スルノ効力ヲ拒ム者ニシテ其ノ既ニ行ヘル過去ノ處分ヲ追廢スルニ非ス第八條ノ説明既ニ之ヲ詳ニス故ニ勅令ニ依リ既ニ生シタルノ政府ノ義務ハ議會之ヲ廢スルコト能ハス抑〻事若此ニ至ラハ國家不祥ノ結果トシテ視サルコトヲ得ス此レ本條ノ國家ノ成立ヲ保護スル爲ニ至テ已ムヲ得サルノ處分ヲ認メ又議會ノ權ヲ存崇シテ尤愼重ノ意ヲ致ス所以ナリ》

第七十一条　帝国議会ニ於テ予算ヲ議定セス又ハ予算成立ニ至ラサルトキハ政府ハ前年度ノ予算ヲ施

行スヘシ

憲法義解《議會自ラ議定ノ結局ヲ爲サスシテ閉會ニ至ルトキハ之ヲ豫算ヲ議定セストス兩議院ノ一ニ於テ豫算ヲ廢棄シタルトキハ之ヲ豫算成立ニ至ラストス其ノ他議會未タ豫算ヲ議決セスシテ停會又ハ解散ヲ命セラレタルトキハ其ノ再ヒ開會スルノ日ニ至ルマテ亦豫算成立セサルノ場合トス

議會ニ於テ豫算ヲ議定セス又ハ豫算成立ニ至ラサルトキハ其ノ結果ハ大ニシテハ國家ノ存立ヲ廢絶シ小ニシテハ行政ノ機關ヲ痲痹セシムルニ至ル千八百七十七年北米合衆國ニ於テ國會陸軍ノ豫算ヲ議定スルコトヲ遷延シタルカ爲ニ三月ノ間兵士ノ給養ヲ缺クコトヲ致セリ同年澳斯特剌利ニ於テ「メルボルン」ノ議院ハ豫算ノ全部ヲ廢棄シタリ是レ民主主義ノ上ニ結架セル邦國ノ情態ニシテ我カ國體ノ固ヨリ取ルヘキ所ニ非サルナリ乃或國ニ於テ此ノ場合ヲ以テ一ニ勢力ノ判決スル所ト爲シ議會ニ拘ラスシテ政府ノ專意ニ任シ財務ヲ施行セルカ如キモ（普國千八百六十二年ヨリ六十六年ニ至ル）亦非常ノ變例ニシテ立憲ノ當然ニ非サルナリ我カ憲法ハ國體ニ基ツキ理勢ニ酌ミ此ノ變狀ニ當リ前年ノ豫算ヲ施行スルヲ以テ終局ノ處分トスルコトヲ定メタリ》

戒厳令（明治十五年〔一八八二〕太政官布告第三十六号）

第一条　戒厳令ハ戦時若クハ事変ニ際シ兵備ヲ以テ全国若クハ一地方ヲ警戒スルノ法トス

第二条　戒厳ハ臨戦地境ト合囲地境トノ二種ニ分ツ

第一　臨戦地境ハ戦時若クハ事変ニ際シ警戒ス可キ地方ヲ区画シテ臨戦ノ区域ト為ス者ナリ

第二　合囲地境ハ敵ノ合囲若クハ攻撃其他ノ事変ニ際シ警戒ス可キ地方ヲ区画シテ合囲ノ区域ト為ス者ナリ

第三条　戒厳ハ時機ニ応シ其要ス可キ地境ヲ区画シテ之ヲ布告ス

第四条　戦時ニ際シ鎮台営所要塞海軍港鎮守府海軍造船所等速カニ合囲若クハ攻撃ヲ受クル時ハ其地ノ司令官臨時戒厳ヲ宣告スルコトヲ得又戦略上臨機ノ処分ヲ要スル時ハ出征ノ司令官之ヲ宣告スルコトヲ得

第五条　平時土寇ヲ鎮定スル為メ臨時戒厳ヲ要スル

場合ニ於テハ其地ノ司令官速カニ上奏シテ命ヲ請フ可シ若シ時機切迫シテ通信断絶シ命ヲ請フノ道ナキ時ハ直ニ戒厳ヲ宣告スルコトヲ得

第六条 軍団長師団長旅団長鎮台営所要塞司令官警備隊司令官若クハ分遣隊長或ハ艦隊司令長官艦隊司令官鎮守府長官若クハ特命司令官ハ戒厳ヲ宣告シ得ルノ権アル司令官トス

第七条 戒厳ノ宣告ヲ為シタル時ハ直チニ其状勢及ヒ事由ヲ具シテ之ヲ太政官ニ上申ス可シ但其隷属スル所ノ長官ニハ別ニ之ヲ具申ス可シ

第八条 戒厳ノ宣告ハ曩ニ布告シタル所ノ臨戦若クハ合囲地境ノ区画ヲ改定スルコトヲ得

第九条 臨戦地境内ニ於テハ地方行政事務及ヒ司法事務ノ軍事ニ関係アル事件ヲ限リ其地ノ司令官ニ管掌ノ権ヲ委スル者トス故ニ地方官地方裁判官及ヒ検察官ハ其戒厳ノ布告若クハ宣告アル時ハ速カニ該司令官ニ就テ其指揮ヲ請フ可シ

第十条 合囲地境内ニ於テハ地方行政事務及ヒ司法事務ハ其地ノ司令官ニ管掌ノ権ヲ委スル者トス故ニ地方官地方裁判官及ヒ検察官ハ其戒厳ノ布告若クハ宣告アル時ハ速カニ該司令官ニ就テ其指揮ヲ請フ可シ

第十一条 合囲地境内ニ於テハ軍事ニ係ル民事及ヒ左ニ開列スル犯罪ニ係ル者ハ総テ軍衙ニ於テ裁判ス

刑法

第二編 第一章 皇室ニ對スル罪

第二章 国事ニ関スル罪

第三章 静謐ヲ害スル罪

第四章 信用ヲ害スル罪

第九章 官吏瀆職ノ罪

第三編

第一章 第一節 謀殺故殺ノ罪

第二節 殴打創傷ノ罪

第六節 擅ニ人ヲ逮捕監禁スル罪

第七節 脅迫ノ罪

第二章 第二節 強盗ノ罪

第七節 放火失火ノ罪

第八節 決水ノ罪

第九節 船舶ヲ覆没スル罪

第十節 家屋物品ヲ毀壊シ及ヒ動植物ヲ害スル罪

第十二条 合囲地境内ニ裁判所ナク又其管轄裁判所ト通路断絶セシ時ハ民事刑事ノ別ナク総テ軍衙ノ

裁判ニ属ス

第十三条　合囲地境内ニ於ケル軍衙ノ裁判ニ対シテハ控訴上告ヲ為スコトヲ得ス

第十四条　戒厳地境内於テハ司令官左ニ記列ノ諸件ヲ執行スルノ権ヲ有ス但其執行ヨリ生スル損害ハ要償スルコトヲ得ス

第一　集会若クハ新聞雑誌広告等ノ時勢ニ妨害アリト認ムル者ヲ停止スルコト

第二　軍需ニ供ス可キ民有ノ諸物品ヲ調査シ又ハ時機ニ依リ其輸出ヲ禁止スルコト

第三　銃砲弾薬兵器火具其他危険ニ渉ル諸物品ヲ所有スル者アル時ハ之ヲ検査シ時機ニ依リ押収スルコト

第四　郵便電報ヲ開緘シ出入ノ船舶及ヒ諸物品ヲ検査シ並ニ陸海通路ヲ停止スルコト

第五　戦状ニ依リ止ムヲ得サル場合ニ於テハ人民ノ動産不動産ヲ破壊燬焼スルコト

第六　合囲地境内ニ於テハ昼夜ノ別ナク人民ノ家屋建造物船舶中ニ立入リ検察スルコト

第七　合囲地境内ニ寄宿スル者アル時ハ時機ニ依リ其地ヲ退去セシムルコト

第十五条　戒厳ハ平定ノ後ト雖モ解止ノ布告若クハ宣告ヲ受クルノ日迄ハ其効力ヲ有スル者トス

第十六条　戒厳解止ノ日ヨリ地方行政事務司法事務及ヒ裁判権ハ総テ其常例ニ復ス

日本国憲法（一九四六年公布、一九四七年発効）

第五十四条〔衆議院の解散、特別会、参議院の緊急集会〕

②　衆議院が解散されたときは、参議院は、同時に閉会となる。但し、内閣は、国に緊急の必要があるときは、参議院の緊急集会を求めることができる。

③　前項但書の緊急集会において採られた措置は、臨時のものであつて、次の国会開会の後十日以内に、衆議院の同意がない場合には、その効力を失ふ。

Ⅲ　緊急事態をめぐる、日本政府の見解

憲法に国家緊急権が明記されなかった理由

二〇〇二年五月八日　第百五十四回国会　武力攻撃事態への対処に関する特別委員会

今川正美委員　《そもそも、一九四五年に日本が敗戦しまして、その後、一九四七年に現在の憲法が施行されるわけでありますけれども、この我が国の憲法に国家の緊急事態だとかあるいは非常事態にかかわるいわゆる国家緊急権をあえて明記をしなかったという、その背景なり理由なりをどのようにお考えでしょうか。》

津野修内閣法制局長官　《事務的に、経緯でございますので事実関係をお答えさせていただきますが、国家緊急権と申しますのは、これは講学上の概念でございまして、戦争とか内乱とか、あるいは恐慌、大規模な自然災害など、平時の統治機構をもってしては対処できない、そういった非常事態におきまして、国家の存立を維持するために、国家権力が立憲的な憲法秩序を一時停止して非常措置をとる権限をいうものと解されているわけでございます。これは、一般的に、学説上、大体このような概念でございます。

このような国家緊急権につきましては、大日本帝国憲法におきましては、戦争、内乱等の非常事態において、天皇による戒厳、それから非常大権などとして憲法に規定されておりまして、制度化が図られているところでございますが、日本国憲法においては、そういった規定はないわけであります。

この点につきましては、要するに規定されていないということにつきましては、その具体的な経緯は明らかではありませんが、憲法制定議会におきまして、第九十回帝国議会の衆議院帝国憲法改正案委員会におきまして、金森国務大臣は、非常事態の際に、大日本帝国憲法第三十一条、非常大権のような制度が必要ではないかという質問に対しまして、

民主政治ヲ徹底サセテ国民ノ権利ヲ十分擁護致シマス為ニハ、左様ナ場合ノ政府一存ニ於テ行ヒマスル処置ハ、極力之ヲ防止シナケレバナラヌノデアリマス言葉ヲ非常ト云フコトニ藉リテ、其ノ大イナル途ヲ残シテ置キマスナラ、ドンナニ精緻ナル憲法ヲ

定メマシテモ、口実ヲ其処ニ入レテ又破壊セラレル虞絶無トハ断言シ難イト思ヒマス、随テ此ノ憲法ハ左様ナ非常ナル特例ヲ以テ――謂ハバ行政権ノ自由判断ノ余地ヲ出来ルダケ少クスルヤウニ考ヘタ訳デアリマス、随テ特殊ノ必要ガ起リマスレバ、臨時議会ヲ召集シテ之ニ応ズル処置ヲスル、又衆議院ガ解散後デアツテ処置ノ出来ナイ時ハ、参議院ノ緊急集会ヲ促シテ暫定ノ処置ヲスル、同時ニ他ノ一面ニ於テ、実際ノ特殊ナ場合ニ応ズル具体的ナ必要ナ規定ハ、平素カラ濫用ノ虞ナキ姿ニ於テ準備スルヤウニ規定ヲ完備シテ置クコトガ適当デアラウト思フ訳デアリマス、

と答弁しているわけであります。

　こういったことでございまして、いわゆる国家緊急権が設けられなかった理由が答弁として残されているわけでありますが、ただ、日本国憲法のもとにおきましては、例えば、大規模な災害や経済上の混乱などの非常な事態に対応すべく、公共の福祉の観点から、合理的な範囲内で国民の権利を制限し、国民に義務を課す法律を制定することは可能であり、これまでにも、災害対策基本法、国民生活安定緊急措置法などの多くの立法がなされているところでございます。

　また、今回のいわゆる武力攻撃事態対処関連三法案につきましては、申すまでもありませんが、日本国憲法の範囲内で立法化をしようとするものでありますから、これまで述べてきました立憲的な憲法秩序を一時停止する性格を有する講学上の国家緊急権の制度を図るといったような法律ではないということでございます。》

（第百五十四回国会　平成十四年五月八日・衆・事態対処特四号、三八頁）

現行憲法下における緊急事態立法の可否

一九七五年五月十四日　第七十五回国会　法務委員会

吉國一郎内閣法制局長官　《現行憲法のもとにおいて非常時立法ができるかというお尋ねでございますが、非常時立法というものにつきまして、もともとこれは法令上の用語ではございませんから明確な定義があるわけではございませんけれども、まあわが国に大規模な災害が起こった、あるいは外国から侵略を受けた、あるいは大規模な擾乱が起こった、経済上の重要な混乱が起こったというような、非常な

事態に対応いたしますための法制として考えますと、それはあくまでも憲法に規定しております公共の福祉を確保する必要上の合理的な範囲内におきまして、国民の権利を制限したり、特定の義務を課したり、また場合によりましては個々の臨機の措置を、具体的な条件のもとに法律から授権をいたしまして、あるいは政令によりあるいは省令によって行政府の処断にゆだねるというようなことは現行憲法のもとにおいても考えられることでございまして、現に一昨年の十一月に国会で非常に多大の御労苦を願いまして御審議いただきました国民生活安定緊急措置法というものがございます。〔中略〕また古くは、災害対策基本法の中で、非常災害が起こりました場合に、財政上、金融上の相当思い切った措置を講じ得るようになっておりますが、これもそのたびごとに政令をもって具体的な内容を規定いたすことになっております。

このように、現憲法のもとにおきましても特定の条件のもとにおいてはこのような立法ができることは、すでに現在先例を見ていることから言っても明らかでございまして、いわゆる非常時立法と申すものにつきまして、一定の範囲内においてこれを制定することができることは申すまでもないと思います。もちろん、旧憲法において認められておりましたような戒厳の制度でございますとか、あるいは非常大権の制度というようなものがとれないことは当然のことでございますし、また、現段階において全面的な広範な非常時立法を考えているというような事態はございませんことを申し上げておきます。》

（第七十五回国会　昭和五十年五月十四日・衆・法務十九号、九頁）

有事法制と国家緊急権

二〇〇四年四月二十日　第百五十九回国会　武力攻撃事態等への対処に関する特別委員会

秋山收内閣法制局長官　《お尋ねの大統領非常大権、これは法律学ではいわゆる国家緊急権という言葉で議論されるものでございます。すなわち、戦争とか内乱、恐慌、大規模な自然災害など、平時の統治機構をもっては対処することが困難なような非常事態におきまして、国家の存立を維持するために国家権力が通常の立憲的な憲法秩序を一時停止して非常措置をとる権限というふうに考えられております。

それで、フランスでは、御指摘のとおり、フランス第五共和国憲法は第十六条でそういう規定があるわけでございます。それから、大日本帝国憲法でも、先ほど御指摘のとおりのものがございます。日本国憲法においてはこのような規定は存在しておらず、したがって、先ほど申し上げたような国家緊急権というものは現行の憲法下では認められないものと考えております。
ただ、現行憲法下でも、大規模な災害とか経済的混乱などのような非常な事態に対応すべく、公共の福祉の観点から合理的な範囲内で国民の権利を制限し、あるいは義務を課す法律を制定することは可能でございまして、災害対策基本法、国民生活安定緊急措置法など、既に多くの立法がございます。今回提案しております有事関連の法律も、そのような系列のものに入るものと考えております。》
（第百五十九回国会　平成十六年四月二十日・衆・事態対処特五号、二八頁）

災害時の私権制限

二〇一一年六月十日　第百七十七回国会　衆議院議員木村太郎君提出「緊急時における日本の危機管理に関する質問主意書」に対する答弁書

《一について
現行憲法下においても、大規模な災害に対応すべく、公共の福祉の観点から合理的な範囲内で国民の権利を制限する法律を制定することは可能であるが、その是非は、制限の必要性、その内容の合理性等を総合的に勘案して判断されるべきものと考えている。》

緊急事態法制と国民の権利・義務との関係

一、武力攻撃時における国民権利の制限及び義務の賦課

二〇〇一年四月三日　第百五十一回国会　外交防衛委員会

岩橋修内閣官房内閣審議官　《一般論として申し上げますと、我が国が外部から武力攻撃を受けた場合、国家国民の安全を守ることは公共の福祉を確保することにほかならないことでありますから、そのために必要がありますときには、合理的な範囲において法律で国民の権利を制限し、もしくは特定の義務を課すことも憲法上許されるものと考えております。もっとも、そのような場合におきましても可能な限り国民の権利を尊重すべきことは言うまでもござい

ません。》

（第百五十一回国会　平成十三年四月三日・参・外交防衛七号、二三頁）

二〇〇二年七月二十四日　第百五十四回国会　武力攻撃事態への対処に関する特別委員会

福田康夫内閣官房長官　《先日の委員会で前原委員からお求めのありました武力攻撃事態における憲法で保障している国民の自由と権利について御説明申し上げます。

武力攻撃事態における憲法で保障している国民の自由と権利について

一　武力攻撃事態対処法案（以下「法案」という。）第三条第四項において、「武力攻撃事態への対処においては、日本国憲法の保障する国民の自由と権利が尊重されなければならず、これに制限が加えられる場合は、その制限は武力攻撃事態に対処するため必要最小限のものであり、かつ、公正かつ適正な手続の下に行われなければならない」と明記し、武力攻撃事態への対処と国民の自由と権利との関係に関する基本理念を述べているが、これは、憲法における基本的人権についての考え方にのっとったものである。

二　すなわち、憲法第十三条は、「生命、自由及び幸福追求に対する国民の権利については、……立法その他の国政の上で、最大の尊重を必要とする」と定めているところである。他方、同条自体が「公共の福祉に反しない限り」と規定しているほか、憲法第十二条その他の規定からも、憲法で保障している基本的人権も、公共の福祉のために必要な場合には、合理的な限度において制約が加えられることがあり得るものと解される。また、その場合における公共の福祉の内容、制約の可能な範囲等については、立法の目的等に応じて具体的に判断すべきものである。

三　したがって、武力攻撃事態への対処のために国民の自由と権利に制限が加えられるとしても、国及び国民の安全を保つという高度の公共の福祉のため、合理的な範囲と判断される限りにおいては、その制限は憲法第十三条等に反するものではない。

国民の自由と権利の制限の具体的内容については、この基本理念にのっとり、今後整備する事態対処法制において個別具体的に対処措置を定めていく際に、制限される権利の内容、性質、制限の程度等と権利を制限することによって達成しようとする公益の内容、程度、緊急性等を総合的に勘案して、定めることとなる。また、損失補償を含め、救済措置等についても、その際に定めることとなる。

四　このため、具体的な対処措置がすべては定まっていない現段階において、武力攻撃事態において制約される自由・権利と武力攻撃事態において制約されない自由・権利を確定的に区分することは困難であると考えている。

五　ただし、例えば、憲法第十九条の保障する思想及び良心の自由、憲法第二十条の保障する信教の自由のうち信仰の自由については、それらが内心の自由という場面にとどまる限り絶対的な保障であると解している。しかし、思想、信仰等に基づき、又はこれらに伴い、外部的な行為がなされた場合には、それらの行為もそれ自体としては原則として自由であるものの、絶対的なものとは言えず、公共の福祉による制約を受けることはあり得る。

また、憲法第二十一条第二項にいう「検閲」とは、行政権が主体となって、思想内容等の表現物を対象とし、その全部又は一部の発表の禁止を目的として、対象とされる一定の表現物につき網羅的一般的に、発表前にその内容を審査した上、不適当と認めるものの発表を禁止することを、その特質として備えるものを指すと解しており、検閲について公共の福祉を理由とする例外を設ける余地がないものと解している。

六　このような絶対的に保障されている基本的人権以外の自由・権利の制約については、今後整備する事態対処法制において個別具体的に定められることとなるが、例えば、テレビ、新聞等のメディアに対し報道の規制など言論の自由を制限することは全く考えていない。

七　国民の自由と権利に制限が加えられる場合の救済措置としては、行政上の不服申立て、行政訴訟、国家賠償についての一般的規定として、行政不服審査法、行政事件訴訟法及び国家賠償法が存在している。武力攻撃事態への対処においても、行政事件訴訟法及び国家賠償法は適用され、行政不服審査法も、例外的に不服申立てができないと法律上規定されている場合を除き、適用されることとなる。一方、損失補償については一般的規定がなく、必要がある場合には個別法律に明文の規定を設けることにより救済措置が講じられることとなるが、このような明文の規定がない場合においても、司法による救済が否定されるものではない。

八　なお、武力攻撃事態における対処措置は、法案第二条第六号に定められているとおり「法律の規定に基づいて」実施するとされていることから、対処措置の根拠となる個別の法律の規定がないにもかかわらず、法案のみを直接の根拠として、国民の権利義務にかかわる対処措置が実施されることはない。》

（第百五十四回国会　平成十四年七月二十四日・衆・事態対処十八号、五頁）

二、徴用、徴発制度が許容される場合の憲法上の根拠

一九八三年二月二十三日　第九十八回国会　衆議院予算委員会

角田禮次郎内閣法制局長官　《徴用については、公権力が法律で定める一定の要件のもとにおいて一定の公的な業務に国民をして強制的に従事せしめる、そういうことが基本的な要素であろうと思いますし、また、徴発につきましては、公権力が法律で定める一定の要件のもとにおいて一定の軍需を私人に負担せしめることを基本的な要素とするというふうに考えていいと思います。

そこで、いつか稲葉委員からも御指摘がございましたけれども、両者を統一して公的負担あるいは防衛負担というようなことで言うわけでございますが、このような役務の提供の強制、あるいは物的負担の強制が許されるかどうかということにつきましては、これも前に五十六年の五月に衆議院の安全保障特別委員会で私が答弁いたしたことがございますけれども、要するに、公共の福祉のために基本的人権の制限が許されるということが政府の基本的な立場でございますから、そういう制限が許される場合に該当するかどうかということであろうと思います。したがいまして、そういうものの目的なりあるいは内容等を子細に検討いたしまして、それぞれのケースに応じて総合的に判断をすべきものだと私どもは考えております。》

（第九十八回国会　昭和五十八年二月二十三日・衆・予算十三号、二二頁）

三、災害救助法上の従事命令等の合憲性（制定時の議論）

一九四七年八月十八日　第一回国会　厚生委員会

佐藤達夫法制局長官《第一の點といたしましては、本法案の第二十四條、すなわち醫者等を救助の業務に従事せしむることに關しての規定は、憲法第十一條、第十二條、第十三條、第十八條等の趣旨に照らして、自由權の侵害ではないかというようなお尋ねであると心得ております。〔中略〕本法案のねらつておりまするような公共の秩序の保持、あるいは大きな災害のために罹災者の立場の保全というようなもののためには、法律をもつてある特定の技術を身につけておる人をそのために奉仕してもらうということを規定することは、一向憲法の精神に矛盾するところはないと確信いたしております。なお憲法の第十八條という條文をお引きになつておるやに承ります。

〔中略〕ここに申します苦役というのは、本人の意に反する勞役そのものを全部含むものではない。本人の意に反する勞役というものの中で、通常人の耐え得ない程度の、通常豫想し得ない程度の苦痛を伴うものというふうにこれを了解しておるわけでありまます。苦役の苦という字はそこを表わしたものであると信じております。從つて本法案の二十四條で救助に關する業務に従事せしめることができると言つておりますのは、普通の人が普通の勞務に從事するという場合の程度のものを大體豫想したものでありまして、この憲法十八條に申しまする苦役というものには全然該當しない。これも憲法關係の問題はないものと確信しておる次第であります。

第二點といたしまして、災害救助法案の第十二條、十三條、二十六條、二十七條の規定は、財産權の侵害として憲法違反ではないかというような御趣旨の御質疑があつたやに承つております。〔中略〕第一の種類は、十二條、二十六條に掲げてありますような物資等の使用、收用、管理という問題と、ただいまの財産權の保障との關係はどうであるか、〔中略〕それから第二種の問題、すなわち十三條、二十七條、これは同じことでありまして、いわゆる一定の場所に立入つて檢査ができるという一つの問題でありますす。この使用收用等の問題は申すまでもございませんが、財産權の保障に關しまする憲法第二十九條の問題であります。第二十九條は〔中略〕、少くともただいまの法案に關する限度においては、憲法上の問題はないものと考えております。すなわち第二十九條の最後の項に「私有財産は、正當な補償の下に、これを公共のために用ひることができる。」という條項にまさに該當するものと信じております。〔中略〕立入りの問題は私どもはむしろ財産權の侵害という面よりも、その人の居住であるとか、なんとかいうものを、侵すという問題に近い性格のものではないかと思います。〔中略〕この災害救助法のねらつておりますところは、この法案の第一條にも明らかのように、公共の福祉というものを直接の目當てにしての條文であります。そういう場合の必要のために、やむを得ない必要によつて調査のために役人がはいつてくるという場合にはそれを受忍する。忍ぶ義務を課する。これを法律で課しまする以上は、何ら憲法に違反するものではないということになるわけであります。》

（第一回国会　昭和二十二年八月十八日・衆・厚生十一号、一頁）

災害時における国会議員の任期延長

二〇一一年十一月十一日　近藤三津枝議員質問主意書（第百七十九回国会　第二十三号）

《一　今回のような大災害が国政選挙の公示日の直前に発生した場合、「東日本大震災に伴う地方公共団体の議会の議員及び長の選挙期日等の臨時特例に関する法律」のような法律を制定することにより、国政選挙の選挙期日を延期するとともに、国会議員の任期を延長することは、日本国憲法に照らして許されるかどうか、政府の見解如何。》

《**答弁書**（平成二十三年十一月十一日）

憲法第四十五条本文は衆議院議員の任期を四年、憲法第四十六条は参議院議員の任期を六年と規定しており、また、衆議院が解散された場合、憲法第四十五条ただし書は衆議院議員の任期はその期間満了前に終了し、憲法第五十四条第一項は解散の日から四十日以内に総選挙を行うと規定しているところであり、これらの憲法の規定にかかわらず、御指摘の東日本大震災に伴う地方公共団体の議会の議員及び長の選挙期日等の臨時特例に関する法律（平成二十三年法律第二号）のような法律を制定することにより「国政選挙の選挙期日を延期するとともに、国会議員の任期を延長すること」は、できないものと考える。》

二〇一一年十二月九日　近藤三津枝議員質問主意書（第百七十九回国会　第七十六号）

《一　東日本大震災のような大災害が国政選挙の公示日の直前に発生した場合においても、国政選挙の選挙期日を延期するとともに国会議員の任期を延長することができないならば、大災害の発生という不可抗力によって、被災地では実際上選挙が行われなくなるおそれがある。その場合、被災地の住民にとっては実質上参政権が奪われてしまうことにならないか。〔中略〕これでは、そのような国民主権や、憲法第十四条の法の下の平等という憲法の根本の原理が侵されることにならないか。このようなことになるのは、やむを得ないものと考えるか、政府の見解如何。

二　一に述べたような観点から考えれば、現行憲法の下でも、大災害が発生した場合等の非常時においては、必要最低限の範囲で、国政選挙の選挙期日を延期するとともに国会議員の任期を延長することが必要ではないか。これを踏まえても、法律によってこれらを行うことは許されないか、政府の見解如何。》

《**答弁書**（平成二十三年十二月九日）

一について

憲法第四十五条本文は衆議院議員の任期を四年、憲法第四十六条は参議院議員の任期を六年と規定しており、その任期が満了するときは、公職選挙法（昭和二十五年法律第百号）の定めるところにより、衆議院議員の総選挙又は参議院議員の通常選挙を行うこととされ、また、衆議院が解散されたときは、憲法第五十四条第一項の規定により、解散の日から四十日以内に衆議院議員の総選挙を行うこととされているところであり、御指摘のような場合であっても、公職選挙法の下で、これらの選挙が執行されることとなると考えている。

二について

先の答弁書（平成二十三年十一月十一日内閣衆質一七九第二三号）でお答えしたとおり、法律を制定することにより「国政選挙の選挙期日を延期するとともに国会議員の任期を延長すること」は、できないものと考える。》

緊急事態に際して、閣議決定などにより、法律制定と同様の効果を生じさせることができる法律

二〇一三年五月七日　長妻昭議員質問主意書（第百八十三回国会　第六十六号）

《五　現行法で、緊急事態に際して、法律制定と同

様の効果を閣議決定などで内閣が生じさせることができる法律を内容・理由とともにすべて、お示し願いたい。》

《答弁書（平成二十五年五月七日）

五について

お尋ねの「緊急事態に際して、法律制定と同様の効果を閣議決定などで内閣が生じさせることができる法律」が具体的に何を意味するのか必ずしも明らかではないが、国会が閉会中又は衆議院が解散中であり、かつ、臨時会の召集を決定し、又は参議院の緊急集会を求めてその措置を待ついとまがないときに、内閣が必要な措置をとるため、政令を制定することができる旨規定している法律の規定は、次のとおりである。

災害対策基本法（昭和三十六年法律第二百二十三号）第百九条第一項においては、「災害緊急事態に際し国の経済の秩序を維持し、及び公共の福祉を確保するため緊急の必要がある場合において、国会が閉会中又は衆議院が解散中であり、かつ、臨時会の召集を決定し、又は参議院の緊急集会を求めてその措置をまついとまがないときは、内閣は、次の各号に掲げる事項について必要な措置をとるため、政令を制定することができる」としており、当該「次の各号に掲げる事項」として、「一 その供給が特に不足している生活必需物資の配給又は譲渡若しくは引渡しの制限若しくは禁止」、「二 災害応急対策若しくは災害復旧又は国民生活の安定のため必要な物の価格又は役務その他の給付の対価の最高額の決定」及び「三 金銭債務の支払（賃金、災害補償の給付金その他の労働関係に基づく金銭債務の支払及びその支払のためにする銀行その他の金融機関の預金等の支払を除く。）の延期及び権利の保存期間の延長」を挙げている。

同法第百九条の二第一項においては、「災害緊急事態に際し法律の規定によつては被災者の救助に係る海外からの支援を緊急かつ円滑に受け入れることができない場合において、国会が閉会中又は衆議院が解散中であり、かつ、臨時会の召集を決定し、又は参議院の緊急集会を求めてその措置を待ついとまがないときは、内閣は、当該受入れについて必要な措置をとるため、政令を制定することができる」としている。

武力攻撃事態等における国民の保護のための措置に関する法律（平成十六年法律第百十二号）第九十

三条第一項においては、「内閣は、著しく大規模な武力攻撃災害が発生し、法律の規定によっては避難住民等の救援に係る海外からの支援を緊急かつ円滑に受け入れることができない場合において、国会が閉会中又は衆議院が解散中であり、かつ、臨時会の召集を決定し、又は参議院の緊急集会を求めてその措置を待ついとまがないときは、当該支援の受入れについて必要な措置を講ずるため、政令を制定することができる」としている。

同法第百三十条第一項においては、「内閣は、著しく大規模な武力攻撃災害が発生し、国の経済の秩序を維持し及び公共の福祉を確保するため緊急の必要がある場合において、国会が閉会中又は衆議院が解散中であり、かつ、臨時会の召集を決定し、又は参議院の緊急集会を求めてその措置を待ついとまがないときは、金銭債務の支払（賃金その他の労働関係に基づく金銭債務の支払及びその支払のためにする銀行その他の金融機関の預金等の支払を除く。）の延期及び権利の保存期間の延長について必要な措置を講ずるため、政令を制定することができる」としている。

新型インフルエンザ等対策特別措置法（平成二十四年法律第三十一号）第五十八条第一項においては、「内閣は、新型インフルエンザ等緊急事態において、新型インフルエンザ等の急速かつ広範囲なまん延により経済活動が著しく停滞し、かつ、国の経済の秩序を維持し及び公共の福祉を確保するため緊急の必要がある場合において、国会が閉会中又は衆議院が解散中であり、かつ、臨時会の召集を決定し、又は参議院の緊急集会を求めてその措置を待ついとまがないときは、金銭債務の支払（賃金その他の労働関係に基づく金銭債務の支払及びその支払のためにする銀行その他の金融機関の預金等の支払を除く。）の延期及び権利の保存期間の延長について必要な措置を講ずるため、政令を制定することができる」としている。》

Ⅳ　日本の現行法の、緊急事態への言及

警察法（昭和二十九〔一九五四〕年六月八日法律第百六十二号。最終改正：平成二十〔二〇〇八〕年六月十八日法律第八十号）

第七十一条〔布告〕　内閣総理大臣は、大規模な災害又は騒乱その他の緊急事態に際して、治安の維持のため特に必要があると認めるときは、国家公安委員会の勧告に基き、全国又は一部の区域について緊急事態の布告を発することができる。

2　前項の布告には、その区域、事態の概要及び布告の効力を発する日時を記載しなければならない。

第七十二条〔内閣総理大臣の統制〕　内閣総理大臣は、前条に規定する緊急事態の布告が発せられたときは、本章の定めるところに従い、一時的に警察を統制する。この場合においては、内閣総理大臣は、その緊急事態を収拾するため必要な限度において、長官を直接に指揮監督するものとする。

第七十四条〔国会の承認及び布告の廃止〕　内閣総理大臣は、第七十一条の規定により、緊急事態の布告を発した場合には、これを発した日から二十日以内に国会に付議して、その承認を求めなければならない。但し、国会が閉会中の場合又は衆議院が解散されている場合には、その後最初に召集される国会においてすみやかにその承認を求めなければならない。

2　内閣総理大臣は、前項の場合において不承認の議決があつたとき、国会が緊急事態の布告の廃止を議決したとき、又は当該布告の必要がなくなつたときは、すみやかに当該布告を廃止しなければならない。

自衛隊法（昭和二十九〔一九五四〕年六月九日法律第百六十五号。最終改正：平成二十五〔二〇一三〕年十二月十三日法律第百八号）

第七十六条〔防衛出動〕　内閣総理大臣は、我が国に対する外部からの武力攻撃（以下「武力攻撃」という。）が発生した事態又は武力攻撃が発生する明白な危険が切迫していると認められるに至つ

た事態に際して、我が国を防衛するため必要があると認める場合には、自衛隊の全部又は一部の出動を命ずることができる。この場合においては、武力攻撃事態等における我が国の平和と独立並びに国及び国民の安全の確保に関する法律（平成十五年法律第七十九号）第九条の定めるところにより、国会の承認を得なければならない。

2　内閣総理大臣は、出動の必要がなくなつたときは、直ちに、自衛隊の撤収を命じなければならない。

第七十八条〔命令による治安出動〕　内閣総理大臣は、間接侵略その他の緊急事態に際して、一般の警察力をもつては、治安を維持することができないと認められる場合には、自衛隊の全部又は一部の出動を命ずることができる。

2　内閣総理大臣は、前項の規定による出動を命じた場合には、出動を命じた日から二十日以内に国会に付議して、その承認を求めなければならない。ただし、国会が閉会中の場合又は衆議院が解散されている場合には、その後最初に召集される国会において、すみやかに、その承認を求めなければならない。

3　内閣総理大臣は、前項の場合において不承忍の議決があつたとき、又は出動の必要がなくなつたときは、すみやかに、自衛隊の撤収を命じなければならない。

第八十三条〔災害派遣〕　都道府県知事その他政令で定める者は、天災地変その他の災害に際して、人命又は財産の保護のため必要があると認める場合には、部隊等の派遣を防衛大臣又はその指定する者に要請することができる。

2　防衛大臣又はその指定する者は、前項の要請があり、事態やむを得ないと認める場合には、部隊等を救援のため派遣することができる。ただし、天災地変その他の災害に際し、その事態に照らし特に緊急を要し、前項の要請を待ついとまがないと認められるときは、同項の要請を待たないで、部隊等を派遣することができる。

3　庁舎、営舎その他の防衛省の施設又はこれらの近傍に火災その他の災害が発生した場合においては、部隊等の長は、部隊等を派遣することができる。

4　第一項の要請の手続は、政令で定める。

5　第一項から第三項までの規定は、武力攻撃事態等における国民の保護のための措置に関する法律第二条第四項に規定する武力攻撃災害及び同法第百八十三条において準用する同法第十四条第一項に規定する緊急対処事態における災害については、適用しない。

災害対策基本法（昭和三十六〔一九六一〕年十一月十五日法律第二百二十三号。最終改正：平成二十五〔二〇一三〕年六月二十一日法律第五十四号）

第百五条〔災害緊急事態の布告〕 非常災害が発生し、かつ、当該災害が国の経済及び公共の福祉に重大な影響を及ぼすべき異常かつ激甚なものである場合において、当該災害に係る災害応急対策を推進し、国の経済の秩序を維持し、その他当該災害に係る重要な課題に対応するため特別の必要があると認めるときは、内閣総理大臣は、閣議にかけて、関係地域の全部又は一部について災害緊急事態の布告を発することができる。

2　前項の布告には、その区域、布告を必要とする事態の概要及び布告の効力を発する日時を明示しなければならない。

第百六条〔国会の承認及び布告の廃止〕 内閣総理大臣は、前条の規定により災害緊急事態の布告を発したときは、これを発した日から二十日以内に国会に付議して、その布告を発したことについて承認を求めなければならない。ただし、国会が閉会中の場合又は衆議院が解散されている場合は、その後最初に召集される国会において、すみやかに、その承認を求めなければならない。

2　内閣総理大臣は、前項の場合において不承認の議決があつたとき、国会が災害緊急事態の布告の廃止を議決したとき、又は当該布告の必要がなくなつたときは、すみやかに、当該布告を廃止しなければならない。

第百九条〔緊急措置〕 災害緊急事態に際し国の経済の秩序を維持し、及び公共の福祉を確保するため緊急の必要がある場合において、国会が閉会中又は衆議院が解散中であり、かつ、臨時会の召集を決定し、又は参議院の緊急集会を求めてその措置をまついとまがないときは、内閣は、次の各号に掲げる事項について必要な措置をとるため、政令を制定することができる。

一　その供給が特に不足している生活必需物資の配給又は譲渡若しくは引渡しの制限若しくは禁止

二　災害応急対策若しくは災害復旧又は国民生活の安定のため必要な物の価格又は役務その他の給付の対価の最高額の決定

三　金銭債務の支払（賃金、災害補償の給付金その他の労働関係に基づく金銭債務の支払及びその支払のためにする銀行その他の金融機関の預金等の支払を除く。）の延期及び権利の保存期間の延長

2　前項の規定により制定される政令には、その政令の規定に違反した者に対して二年以下の懲役若しくは禁錮、十万円以下の罰金、拘留、科料若しくは没収の刑を科し、又はこれを併科する旨の規定、法人の代表者又は法人若しくは人の代理人、使用人その他の従業者がその法人又は人の業務に関してその政令の違反行為をした場合に、その行為者を罰するほか、その法人又は人に対して各本条の罰金、科料又は没収の刑を科する旨の規定及び没収すべき物件の全部又は一部を没収することができない場合にその価額を追徴する旨の規定を設けることができる。

3　内閣は、第一項の規定により政令を制定した場合において、その必要がなくなつたときは、直ちに、これを廃止しなければならない。

4　内閣は、第一項の規定により政令を制定したときは、直ちに、国会の臨時会の召集を決定し、又は参議院の緊急集会を求め、かつ、そのとつた措置をなお継続すべき場合には、その政令に代わる法律が制定される措置をとり、その他の場合には、その政令を制定したことについて承認を求めなければならない。

5　第一項の規定により制定された政令は、既に廃止され、又はその有効期間が終了したものを除き、前項の国会の臨時会又は参議院の緊急集会においてその政令に代わる法律が制定されたときは、その法律の施行と同時に、その臨時会又は緊急集会においてその法律が制定されないこととなつたときは、制定されないこととなつた時に、その効力を失う。

6　前項の場合を除くほか、第一項の規定により制定された政令は、既に廃止され、又はその有効期間が終了したものを除き、第四項の国会の臨時会

が開かれた日から起算して二十日を経過した時若しくはその臨時会の会期が終了した時のいずれか早い時に、又は同項の参議院の緊急集会が開かれた日から起算して十日を経過した時若しくはその緊急集会が終了した時のいずれか早い時にその効力を失う。

7　内閣は、前二項の規定により政令がその効力を失つたときは、直ちに、その旨を告示しなければならない。

8　第一項の規定により制定された政令に罰則が設けられたときは、その政令が効力を有する間に行なわれた行為に対する罰則の適用については、その政令が廃止され、若しくはその有効期間が終了し、又は第五項若しくは第六項の規定によりその効力を失つた後においても、なお従前の例による。

第百九条の二　災害緊急事態に際し法律の規定によつては被災者の救助に係る海外からの支援を緊急かつ円滑に受け入れることができない場合において、国会が閉会中又は衆議院が解散中であり、かつ、臨時会の召集を決定し、又は参議院の緊急集会を求めてその措置を待ついとまがないときは、内閣は、当該受入れについて必要な措置をとるため、政令を制定することができる。

2　前条第三項から第七項までの規定は、前項の場合について準用する。

国家安全保障会議設置法（昭和六十一（一九八六）年五月二十七日法律第七十一号。最終改正：平成二十五（二〇一三）年十二月四日法律第八十九号）

〔所掌事務等〕

第二条　会議は、次の事項について審議し、必要に応じ、内閣総理大臣に対し、意見を述べる。

一　国防の基本方針

二　防衛計画の大綱

三　前号の計画に関連する産業等の調整計画の大綱

四　武力攻撃事態等（武力攻撃事態及び武力攻撃予測事態をいう。以下この条において同じ。）への対処に関する基本的な方針

五　武力攻撃事態等への対処に関する重要事項

六　周辺事態への対処に関する重要事項

七　自衛隊法（昭和二十九年法律第百六十五号）

第三条第二項第二号の自衛隊の活動に関する重要事項
八　国防に関する重要事項（前各号に掲げるものを除く。）
九　国家安全保障に関する外交政策及び防衛政策の基本方針並びにこれらの政策に関する重要事項（前各号に掲げるものを除く。）
十　重大緊急事態（武力攻撃事態等、周辺事態及び次項の規定により第七号又は第八号に掲げる重要事項としてその対処措置につき諮るべき事態以外の緊急事態であつて、我が国の安全に重大な影響を及ぼすおそれがあるもののうち、通常の緊急事態対処体制によつては適切に対処することが困難な事態をいう。第三項において同じ。）への対処に関する重要事項
十一　その他国家安全保障に関する重要事項
2　内閣総理大臣は、前項第一号から第四号までに掲げる事項並びに同項第五号から第八号まで及び第十号に掲げる事項のうち内閣総理大臣が必要と認めるものについては、会議に諮らなければならない。
3　第一項の場合において、会議は、武力攻撃事態等、周辺事態及び重大緊急事態に関し、同項第四号から第六号まで又は第十号に掲げる事項について審議した結果、特に緊急に対処する必要があると認めるときは、迅速かつ適切な対処が必要と認められる措置について内閣総理大臣に建議することができる。

国民生活安定緊急措置法（昭和四十八〔一九七三〕年十二月二十二日法律第百二十一号。最終改正：平成二十一〔二〇〇九〕年六月五日法律第四十九号）

〔目的〕
第一条　この法律は、物価の高騰その他の我が国経済の異常な事態に対処するため、国民生活との関連性が高い物資及び国民経済上重要な物資の価格及び需給の調整等に関する緊急措置を定め、もつて国民生活の安定と国民経済の円滑な運営を確保することを目的とする。

〔この法律の運用方針〕
第二条　政府は、この法律に規定する措置を講ずるに当たつては、国民の日常生活に不可欠な物資を

優先的に確保するとともに、その価格の安定を図るよう努めなければならない。
2　政府は、国民生活との関連性が高い物資及び国民経済上重要な物資の生産、輸入、流通又は在庫の状況に関し、国民生活を安定させるため、必要な情報を国民に提供するよう努めなければならない。

（標準価格の決定等）

第三条　物価が高騰し又は高騰するおそれがある場合において、国民生活との関連性が高い物資又は国民経済上重要な物資（以下「生活関連物資等」という。）の価格が著しく上昇し又は上昇するおそれがあるときは、政令で、当該生活関連物資等を特に価格の安定を図るべき物資として指定することができる。
2　前項に規定する事態が消滅したと認められる場合には、同項の規定による指定は、解除されるものとする。

第四条　主務大臣は、前条第一項の規定による指定があつたときは、その指定された物資（以下「指定物資」という。）のうち取引数量、商慣習その他の取引事情からみて指定物資の取引の標準となるべき品目（以下「標準品目」という。）について、遅滞なく、標準価格を定めなければならない。
2　標準価格は、標準品目の物資の生産若しくは輸入の事業を行う者、標準品目の物資の小売業を行う者又は標準品目の物資の販売の事業を行う者（小売業を行う者を除く。）の販売価格について定めるものとする。
3　標準価格は、当該標準品目に係る指定物資の価格の安定を図ることを旨とし、標準的な生産費、輸入価格又は仕入価格に標準的な販売費用及び利潤を加えて得た額、取引の態様及び地域的事情、当該標準品目に係る指定物資の需給の見通し並びに国民生活又は国民経済に及ぼす影響を総合的に勘案して定めるものとする。
4　主務大臣は、第一項の規定により標準価格を定めたときは、遅滞なく、これを告示しなければならない。

第五条　主務大臣は、標準品目の物資の標準的な生産費、輸入価格若しくは仕入価格又は需給状況その他の事情に著しい変動が生じた場合において、特に必要があると認めるときは、標準価格を改定するものとする。

2　標準価格は、第三条第一項の規定による指定が解除されたときは、その効力を失う。
3　前条第四項の規定は、前二項の場合に準用する。

〔標準価格等の表示等〕

第六条　標準価格が小売業を行う者の販売価格について定められたときは、その標準価格に係る指定物資の小売業を行う者は、主務省令で定めるところにより、その標準価格及びその指定物資の販売価格を一般消費者の見やすいように表示しなければならない。

2　主務大臣は、標準価格を小売業を行う者の販売価格について定めた場合において、その標準価格に係る指定物資の小売業を行う者がその標準価格又はその指定物資の販売価格を表示せず又は一般消費者の見やすいように表示していないと認めるときは、その者に対し、その標準価格又は販売価格を一般消費者の見やすいように表示すべきことを指示することができる。

3　主務大臣は、前項の規定による指示を受けた者がその指示に従わなかつたときは、その旨を公表することができる。

〔標準価格に関する指示等〕

第七条　主務大臣は、指定物資を販売する者のその指定物資の販売価格が次の各号に掲げる品目の区分に応じ当該各号に規定する価格を超えていると認めるときは、その者に対し、当該各号に規定する価格以下の価格でその指定物資を販売すべきことを指示することができる。

一　標準品目　標準価格（取引の態様又は地域的事情その他の事情がその標準価格を定めるに当たつて考慮した取引の態様又は地域的事情その他の事情と異なるときは、標準価格を基準とし、その取引の態様又は地域的事情その他の事情を参酌して妥当と認められる価格。次号において同じ。）

二　標準品目以外の品目　標準価格を基準とし、当該品目と標準品目との品質、寸法その他の事情の相違を参酌して妥当と認められる価格

2　主務大臣は、前項の規定による指示を受けた者が、正当な理由なく、その指示に従わなかつたときは、その旨を公表することができる。

〔特定標準価格の決定等〕

第八条　第四条から前条までに規定する措置を講じてもなお指定物資の価格の安定を図ることが困難

であると認められる場合において、その指定物資の価格の安定を確保することが特に必要であるときは、政令で、当該指定物資を特に価格の安定を確保すべき物資として指定することができる。

2　第三条第二項の規定は、前項の規定による指定に準用する。

第九条　主務大臣は、前条第一項の規定による指定があつたときは、その指定された物資（以下「特定物資」という。）のうち取引数量、商慣習その他の取引事情からみて特定物資の価格の安定のためにその価格の安定を確保すべき品目（以下「特定品目」という。）について、遅滞なく、特定標準価格を定めなければならない。

2　特定標準価格は、全国を通じて、又は主務大臣が定める地域ごとに定めるものとし、取引の態様その他の事情に応じて定めることができる。

3　特定標準価格は、標準的な生産費、輸入価格又は仕入価格に標準的な販売費用及び適正な利潤を加えて得た額を基準とし、当該特定品目に係る特定物資の需給の見通し並びに国民生活又は国民経済に及ぼす影響を考慮して定めるものとする。この場合において、当該特定品目が標準品目であり、かつ、標準価格を特定標準価格とすることが適切と認められるときは、当該標準価格を特定標準価格として定めるものとする。

4　第四条第四項の規定は、第一項の規定により特定標準価格を定めた場合に準用する。

5　特定物資に関する第六条の規定の適用については、同条第一項及び第二項中「標準価格」とあるのは、「特定標準価格」とする。

第十条　主務大臣は、特定品目の物資の標準的な生産費、輸入価格若しくは仕入価格又は需給状況その他の事情に著しい変動が生じた場合において、特に必要があると認めるときは、特定標準価格を改定するものとする。

2　特定標準価格は、第八条第一項の規定による指定が解除されたときは、その効力を失う。

3　第四条第四項の規定は、前二項の場合に準用する。

〔**課徴金**〕

第十一条　主務大臣は、特定品目の物資の販売をした者のその販売価格が当該販売をした物資に係る特定標準価格を超えていると認められるときは、その者に対し、当該販売価格と当該特定標準価格との差額に当該販売をした物資の数量を乗じて得た額に相当する額の課徴金を国庫に納付することを命じなければならない。

2　前項の規定による命令を受けた者は、同項に定める課徴金を納付しなければならない。

3　第一項の場合において、当該販売に係る物資が同項の特定標準価格が告示された日前において生産され、輸入され、又は仕入れられた物資で、その生産費、輸入価格又は仕入価格が当該特定標準価格を定めるに当たつて基準となつた生産費、輸入価格又は仕入価格に比し著しく高いものであることが明らかである場合その他の特別の事情がある場合であつて政令で定める場合には、主務大臣は、政令で定めるところにより、同項の課徴金を減額し、又は免除することができる。

4　前二項に定めるもののほか、第一項の規定による命令の手続その他同項の規定の適用に関し必要な事項は、政令で定める。

（強制徴収）

第十二条　主務大臣は、前条の規定による課徴金をその納期限までに納付しない者があるときは、督促状により期限を指定してこれを督促しなければならない。

2　主務大臣は、前項の規定による督促をしたときは、同項の課徴金の額につき年十四・五パーセントの割合で、納期限の翌日からその納付の日までの日数により計算した延滞金を徴収することができる。

3　主務大臣は、第一項の規定による督促を受けた者がその指定する期限までにその納付すべき金額を納付しないときは、国税滞納処分の例により、これを徴収することができる。

4　前項の規定による徴収金の先取特権の順位は、国税及び地方税に次ぐものとし、その時効については、国税の例による。

（税務行政機関との相互通知）

第十三条　主務大臣又はその権限の委任を受けた者は、第十一条第一項の規定による命令をしたときは、その内容を国税庁長官及び関係の地方公共団体の長に通知するものとする。

2　国税庁長官又は地方公共団体の長は、その所管する機関に所属する当該職員が国税又は地方税に関する調査の際に知つた第十一条第一項の規定に該当する販売に関する事項を主務大臣に通知するものとする。

〔生産に関する指示等〕

第十四条　物価が高騰し又は高騰するおそれがある場合において、生活関連物資等の供給が不足することにより国民生活の安定又は国民経済の円滑な運営が著しく阻害され又は阻害されるおそれがあるときは、別に法律の定めがある場合を除き、政令で、当該生活関連物資等を生産を促進すべき物資として指定することができる。

2　第三条第二項の規定は、前項の規定による指定に準用する。

第十五条　前条第一項の規定により指定された物資の生産の事業を行う者（主務省令で定める要件に該当する者を除く。以下「生産業者」という。）は、主務省令で定めるところにより、当該物資の生産に関する計画（以下「生産計画」という。）を作成し、主務大臣に届け出なければならない。これを変更したときも、同様とする。

2　主務大臣は、前条第一項に規定する事態に対処するため特に必要があると認めるときは、前項の規定による届出をした生産業者に対し、その届出に係る生産計画を変更すべきことを指示することができる。

3　第一項の規定による届出をした生産業者（前項の規定による指示があつた場合において、その指示に従つて生産計画の変更をしなかつた者を除く。）は、その届出に係る生産計画（第一項後段の規定による変更の届出があつたときは、その変更後のもの。以下同じ。）に沿つて前条第一項の規定により指定された物資の生産を行わなければならない。

4　主務大臣は、第二項の規定による指示を受けた者がその指示に従わなかつたとき、又は前項に規定する生産業者が正当な理由なくその届出に係る生産計画に沿つて前条第一項の規定により指定された物資の生産を行わなかつたと認めるときは、その旨を公表することができる。

〔輸入に関する指示等〕

第十六条　物価が高騰し又は高騰するおそれがある場合において、生活関連物資等の供給が不足することにより国民生活の安定又は国民経済の円滑な運営が著しく阻害され又は阻害されるおそれがあり、かつ、当該生活関連物資等の輸入の促進によりこれに対処する必要があると認められるときは、政令で、当該生活関連物資等を輸入を促進すべき物資として指定することができる。

2　第三条第二項の規定は、前項の規定による指定に準用する。

第十七条　主務大臣は、前条第一項に規定する事態に対処するため特に必要があると認めるときは、同項の規定により指定された物資の輸入の事業を行う者で当該物資の輸入事情を考慮して当該物資の輸入をすることができると認められるものに対し、輸入をすべき期限及び数量を定めて、当該物資の輸入をすべきことを指示することができる。

2　主務大臣は、前項の規定による指示を受けた者が、正当な理由なく、その指示に従わなかつたときは、その旨を公表することができる。

第十八条　主務大臣は、前条に規定する措置をもつてしては第十六条第一項に規定する事態を克服することが困難であると認めるときは、特別の法律により特別の設立行為をもつて設立された法人のうち政令で定めるものに対し、輸入をすべき期限及び数量を定めて、同項の規定により指定された物資の輸入をすべきことを指示することができる。

2　前項の規定による指示を受けた法人は、当該特別の法律の規定にかかわらず、その指示を受けたところに従つて当該物資の輸入に関する業務を行うことができる。

第十九条　主務大臣は、第十七条第一項又は前条第一項の規定による指示をしようとするときは、国際的取引秩序を乱すことのないよう配意しなければならない。

〔保管に関する指示等〕

第二十条　物価が高騰し又は高騰するおそれがある場合において、生活関連物資等のうちあらかじめその出荷を調整しなければ供給が不足する場合に対処することが困難なものにつきその供給が不足することにより国民生活の安定又は国民経済の円滑な運営が著しく阻害されるおそれがあるときは、政令で、当該生活関連物資等を供給の安定を図るべき物資として指定することができる。

2　第三条第二項の規定は、前項の規定による指定に準用する。

第二十一条　主務大臣は、前条第一項に規定する事態に対処するため特に必要があると認めるときは、同項の規定により指定された物資の生産、輸入又は販売の事業を行う者に対し、保管をすべき期間及び数量を定めて、当該物資の保管をすべきことを指示することができる。

2　主務大臣は、前項の規定による指示を受けた者が、正当な理由なく、その指示に従わなかつたときは、その旨を公表することができる。

〔売渡し、輸送又は保管に関する指示等〕

第二十二条　主務大臣は、特定の地域において生活関連物資等の供給が不足することにより当該地域の住民の生活の安定又は地域経済の円滑な運営が著しく阻害され又は阻害されるおそれがあり、当該地域における当該生活関連物資等の供給を緊急に増加する必要があると認めるときは、当該生活関連物資等の生産、輸入又は販売の事業を行う者に対し、売渡しをすべき期限及び数量、売渡先並びに売渡価格を定めて、当該生活関連物資等の売渡しをすべきことを指示することができる。

2　主務大臣は、前項に規定する事態に対処するため特に必要があると認めるときは、当該生活関連物資等の輸送の事業を行う者に対し、輸送をすべき期限、数量及び区間並びに輸送条件を定めて、当該生活関連物資等の輸送をすべきことを指示することができる。

3　主務大臣は、第一項に規定する事態に対処するため特に必要があると認めるときは、当該地域において当該生活関連物資等に係る物品の保管の事業を行う者に対し、保管をすべき期間及び数量並びに保管条件を定めて、当該生活関連物資等の保管をすべきことを指示することができる。

4　主務大臣は、前三項の規定による指示を受けた者が、正当な理由なく、その指示に従わなかつたときは、その旨を公表することができる。

〔設備投資に関する指示等〕

第二十三条　物価が高騰し又は高騰するおそれがある場合において、国民生活の安定又は国民経済の円滑な運営を確保するため設備投資に関する需要の抑制を図る必要があると認められるときは、政令で、設備投資を抑制すべき期間として六月を下らない期間を指定することができる。

第二十四条　前条の規定により指定された期間内に建築物（建築基準法（昭和二十五年法律第二百一号）第二条第一号に規定する建築物をいい、公益上又は国民生活上必要な建築物であつて政令で定めるもの及び次条第一項の規定により届出をすべき設備投資計画に係る建築物を除く。以下同じ。）であって、政令で定める規模以上のものの建築（移転を除く。以下同じ。）をしようとする者は、主務省令で定めるところにより、工事計画を作成し、主務大臣に届け出なければならない。これを変更しようとするときも、同様とする。

2　主務大臣は、前項の規定による届出があつた場合において、当該建築物の建築が国民生活上又は国民経済上の緊急性その他の事情を参酌して政令で定める基準に適合しないと認めるときは、その建築をしようとする者に対し、工事計画の全部若しくは一部の実施の延期又は当該建築物の規模の縮小を指示することができる。

3　主務大臣は、前項の規定による指示を受けた者が、正当な理由なく、その指示に従わなかつたときは、その旨を公表することができる。

第二十五条　第二十三条の規定により指定された期間のうち主務省令で定める期間内に、次の各号に該当する設備の設置をしようとする事業者（その事業の用に供する設備に対する投資を抑制することが必要であるものとして政令で定める事業を行う者をいい、主務省令で定める要件に該当する者を除く。以下同じ。）は、主務省令で定めるところにより、設備投資計画を作成し、主務大臣に届け出なければならない。これを変更しようとするときも、同様とする。

一　直接その事業の用に供する機械、装置その他の設備の設置であること。

二　当該主務省令で定める期間ごとの設備の設置に要する投資総額が政令で定める金額を超えるものであること。

2　主務大臣は、前項の規定による届出があつた場合において、当該設備の設置が国民生活上又は国民経済上の緊急性その他の事情を参酌して政令で定める基準に適合しないと認めるときは、当該事業者に対し、設備投資計画の全部若しくは一部の実施の延期又は当該投資総額の減少を指示することができる。

3　主務大臣は、前項の規定による指示を受けた者が、正当な理由なく、その指示に従わなかつたときは、その旨を公表することができる。

〔割当て又は配給等〕

第二十六条　物価が著しく高騰し又は高騰するおそれがある場合において、生活関連物資等の供給が著しく不足し、かつ、その需給の均衡を回復することが相当の期間極めて困難であることにより、国民生活の安定又は国民経済の円滑な運営に重大な支障が生じ又は生ずるおそれがあると認められるときは、別に法律の定めがある場合を除き、当該生活関連物資等を政令で指定し、政令で、当該生活関連物資等の割当て若しくは配給又は当該生活関連物資等の使用若しくは譲渡若しくは譲受の制限若しくは禁止に関し必要な事項を定めることができる。

2　前項の政令で定める事項は、同項に規定する事態を克服するため必要な限度を超えるものであってはならない。

〔消費者委員会への諮問等〕

第二十七条　消費者委員会は、内閣総理大臣又は関係各大臣の諮問に応じ、生活関連物資等の割当て又は配給その他この法律の運用に関する重要事項を調査審議する。

2　消費者委員会は、前項に規定する事項に関し、内閣総理大臣又は関係各大臣に対し、意見を述べることができる。

〔国会への報告〕

第二十八条　政府は、おおむね六月に一回、国会に、この法律の施行の状況を報告するものとする。

〔帳簿の記載〕

第二十九条　指定物資を販売する者（主務省令で定める要件に該当する者を除く。）は、主務省令で定めるところにより、帳簿を備え、当該指定物資に係る経理に関し主務省令で定める事項を記載し、これを保存しなければならない。

〔立入検査等〕

第三十条　主務大臣は、第六条、第七条及び第十一条の規定の施行に必要な限度において、政令で定めるところにより、指定物資を販売する者に対し、その業務若しくは経理の状況に関し報告させ、又はその職員に、これらの者の営業所、事務所その他の事業場に立ち入り、帳簿、書類その他の物件を検査させ、若しくは関係者に質問させることができる。

2　主務大臣は、第十五条、第十七条、第二十一条、第二十二条、第二十四条及び第二十五条の規定の施行に必要な限度において、政令で定めるところにより、生活関連物資等の生産、輸入、販売若しくは輸送の事業を行う者、生活関連物資等に係る物品の保管の事業を行う者若しくは第二十四条第一項若しくは第二十五条第一項に規定する者に対し、その業務若しくは経理の状況に関し報告させ、又はその職員に、これらの者の営業所、事務所その他の事業場に立ち入り、帳簿、書類その他の物件を検査させることができる。

3　主務大臣は、第二十六条第一項の規定に基づく政令の施行に必要な限度において、政令で定めるところにより、同項の規定により指定された生活関連物資等の生産、輸入若しくは販売の事業を行う者その他政令で定める関係者に対し、同項に規定する事項に関し報告させ、又はその職員に、これらの者の営業所、事務所その他の事業場に立ち入り、帳簿、書類その他の物件を検査させることができる。

4　第一項の規定により立入検査若しくは質問をする職員又は前二項の規定により立入検査をする職員は、その身分を示す証明書を携帯し、関係人の請求があつたときは、これを提示しなければならない。

5　第一項から第三項までの規定による立入検査の権限は、犯罪捜査のために認められたものと解釈してはならない。

〔経過措置〕

第三十一条　この法律の規定に基づき命令を制定し、又は改廃する場合においては、その命令で、その制定又は改廃に伴い合理的に必要と判断される範囲内において、所要の経過措置（罰則に関する経過措置を含む。）を定めることができる。

〔主務大臣及び主務省令〕

第三十二条　この法律における主務大臣及び主務省令は、政令で定める。

〔地方公共団体が処理する事務等〕

第三十三条　この法律による権限に属する事務の一部は、政令で定めるところにより、地方公共団体の長が行うこととすることができる。

2　この法律による権限は、政令で定めるところにより、外局の長又は地方支分部局の長に委任することができる。

〔罰則〕

第三十四条　次の各号の一に該当する者は、一年以下の懲役又は二十万円以下の罰金に処する。

一　第二十九条の規定に違反して同条に規定する事項の記載をせず、虚偽の記載をし、又は帳簿を保存しなかつた者

二　第三十条第一項の規定による報告をせず、若しくは虚偽の報告をし、又は同項の規定による検査を拒み、妨げ、若しくは忌避し、若しくは同項の規定による質問に対して答弁をせず、若しくは虚偽の答弁をした者

三　第三十条第二項若しくは第三項の規定による報告をせず、若しくは虚偽の報告をし、又は同条第二項若しくは第三項の規定による検査を拒み、妨げ、若しくは忌避した者

第三十五条　第十五条第一項、第二十四条第一項又は第二十五条第一項の規定による届出をしなかった者は、二十万円以下の罰金に処する。

第三十六条　法人の代表者又は法人若しくは人の代理人、使用人その他の従業者が、その法人又は人の業務に関し、前二条の違反行為をしたときは、行為者を罰するほか、その法人又は人に対して、各本条の罰金刑を科する。

第三十七条　第二十六条第一項の規定に基づく政令には、その政令若しくはこれに基づく命令の規定又はこれらに基づく処分に違反した者を五年以下の懲役若しくは三百万円以下の罰金に処し、又はこれを併科する旨の規定及び法人の代表者又は法人若しくは人の代理人、使用人その他の従業者がその法人又は人の業務に関して当該違反行為をしたときは、その行為者を罰するほか、その法人又は人に対して各本条の罰金刑を科する旨の規定を設けることができる。

あとがき

国家緊急権について書くことができたのは、田中智也氏のおかげである。

田中智也氏は、勤務先だった東京工業大学の、大学院で私が指導した学生だ。田中氏は学部は理系の出身で、大学院で専攻を変え、社会理工学研究科に進学。非常時や緊急事態に際して政府がどのように行動すればよいのか、興味をもって熱心に研究していた。そして修士論文のテーマに、国家緊急権を選んだ。

田中氏は戦後の国会の議事録をしらみつぶしにあたって、国家緊急権が言及されたことがあるのか調べた。「先生、やっぱり、あんまりないです。」最近でこそ、国会でときたま議論されるようになったが、しばらく前まで、滅多に取り上げられないテーマだったのだ。国家緊急権に、国会はほとんど興味がなかったことがわかる。

田中智也氏は、修士論文を立派に完成したうえ、当初の志望どおり、公務員試験にパスして霞が関につとめた。修士論文は、先行研究が乏しいなか、主要な論点を網羅した包括的なものだった。指導らしい指導などしなくても、あれよあれよという間に論文はかたちになっていった。

今回、本書を執筆するにあたって、田中智也氏の論文にはあえていっさい目を通さなかった。したがって本書の内容は、その過ちや、筆者の意見を含めて、すべて私の責任である。田中智也氏にはなんの責任もないことをお断りしておく。

＊

本書をまとめるにあたって、さまざまな方々のお世話になった。

まず真っ先に、当然のことだが、田中智也氏に感謝する。

原稿のとりまとめに協力いただいた、斎藤哲也氏。原稿に目を通し、専門の立場からコメントを寄せていただいた木村草太氏（首都大学東京）をはじめ、名を記さないが、何名かの諸氏。皆さんに深く感謝する。ただし、ありうべき誤りを含む本書の論述に関するすべての責任は、もちろん、筆者ひとりにある。

ＮＨＫブックス編集部の皆さんには、たいへんお世話になった。テーマの性質上、本書は、資料編がかなりの分量を占めるという変則的な構成となった。それを諒としてくれたことにも感謝したい。

二〇一四年二月十五日

橋爪大三郎

索　引

あ　行

か　行

さ　行

た　行

な　行

は　行

ま　行

や　行

ら　行

わ　行

参考文献

阿部照哉（編） 1976 『憲法』（判例と学説 1）日本評論社
阿部照哉、畑博行（編） 2009 『世界の憲法集〔第4版〕』有信堂高文社
浅 海 将 文 2003 「国家緊急権に関する若干の考察――国家緊急権と立憲主義との関係を中心に」『駒沢大学大学院公法学研究』29: 37-112
浅 海 将 文 2004 「日本国憲法下における国家緊急権に関する一考察――国家緊急権をめぐる諸学説の整理を中心に」『駒沢大学大学院公法学研究』30: 69-84
芦 部 信 喜 1979 「序――有事立法論義を超えて（特集 憲法と緊急権）」『ジュリスト』701: 14
芦 部 信 喜 1997 『憲法〔新版〕』岩波書店
芦部信喜・池田政章・杉原泰雄（編） 1973 『演習 憲法』（演習法律学大系 2）青林書院新社
長 利 一 1991 「ドイツ国家緊急権史研究――プロイセン合囲状態法制」『室蘭工業大学研究報告 文科編』41: 23-50
江 橋 崇 1980 「著者への手紙 『国家緊急権』小林直樹著――非常事態における法と政治」『現代の眼』21（1）: 196-199
Fergusson, Adam 1975 *When Money Dies: The Nightmare of the Weimar Hyper-Inflation*, William Kimber. → 2010 PublicAffairs. = 2011 黒輪篤嗣・桐谷知未（訳）、池上彰（解説）『ハイパーインフレの悪夢――ドイツ「国家破綻の歴史」は警告する』新潮社
藤 田 嗣 雄 1957 「国家緊急権――比較憲法的考察」『公法研究』17: 16-31
古 川 純 1977 「国家緊急権（憲法30年の理論と展望）――

憲法理論史（3）原理論」『法律時報』49（7）：249-256
古川　純　1986　「安全保障会議の設置と国家緊急権確立の方向（特集　第104回国会主要立法）『ジュリスト』865: 41-46
葛奉根　1996　「韓国憲法における国家緊急権について」『同志社法學』48（3）：643-663
丘秉朔　1989　「講演　韓国憲法における国家緊急権」『比較法学』22（2）：251-270
行政法制研究会　2002　「重要法令関係慣用語の解説（188）　国家緊急権」『判例時報』1768: 29-37
畑　博行　1957　「国家緊急権の問題――ワイマール憲法化の緊急措置権を中心として」『公法研究』17: 32-42
畑　博行　1959　「ドイツにおける国家緊急権の制度の概観」『法學論叢』66（3）：65-84
畑　博行　1969　「国家緊急権（特集　論争憲法学）」『法律時報』41（5）：42-48
林茂夫（編）1978　『国家緊急権の研究』晩聲社
飯島滋明　2001　「国家緊急権（1）」『早稲田大学大学院法研論集』100: 506-484
飯島滋明　2002a　「国家緊急権（2）」『早稲田大学大学院法研論集』102: 382-360
飯島滋明　2002b　「国家緊急権（3・完）」『早稲田大学大学院法研論集』104: 476-458
井上典之　2003　「入門講座 ファーストステップ憲法（17）統治（19）本当に「備え」あれば憂いなし？――危機管理と憲法」『法学教室』275: 45-52
伊藤博文　1889　『大日本帝国憲法　皇室典範　義解』日本国家学会　→1940　宮沢俊義校註『憲法義解』岩波文庫
樋口陽一（編）　1995　『講座・憲法学 第1巻 憲法と憲法学』日本評論社

河原畯一郎　1958　「マーシャル・ルール、反乱、緊急事態」『ジュリスト』163: 38-42
川西誠（編）1977　『現代法の新展開――法と経済と道徳』新評論
小林昭三　1957　「緊急命令について」『公法研究』17: 42-57
小林昭三　1959　「「国家緊急権」に関する若干の考察」『早稲田政治経済学雑誌』157: 61-80
小林直樹　1979a　『国家緊急権――非常事態における法と政治』学陽書房
小林直樹　1979b　「憲法と緊急権体制――国家緊急権の今日的問題性（憲法九条の課題）」『法律時報』51（6）: 146-158
小林直樹　1979c　「現代日本の緊急制度考――「危機」政策の新構想のために（特集　憲法と緊急権）」『ジュリスト』701: 15-26
小寺彰、岩沢雄司、森田章夫（編）　2010　『講義国際法〔第2版〕』有斐閣
纐纈　厚　2006　「改憲と有事体制――国家緊急権＝非常事態と立憲主義の破壊（特集　日本国憲法を読み直す）」『アジェンダ』12: 6-15
国立国会図書館調査及び立法考査局　2003　「総合調査報告書　主要国における緊急事態への対処」
小森幸一　1993　「国家緊急権の問題」『日本大学理工学部一般教育教室彙報』54: 1-10
松谷　茂　1980　「スイスにおける「国家緊急権」」『公法理論』9: 17-19
民主主義研究会（編）　date unknown　『欧米八ヶ国の国家緊急権』私家版　→ 2000　信山社
水島朝穂　1980　「小林直樹著『国家緊急権』」『法律時報』52（3）:113-116
水島朝穂（編著）　2003　『世界の「有事法制」を診る』法律文化社
水島朝穂　2013　『はじめての憲法教室』集英社新書

森本昭夫　2012　「憲法調査後の新たな憲法事象」『立法と調　査』324: 167-178、http://www.sangiin.go.jp/japanese/annai/chousa/rippou_chousa/backnumber/2012pdf/20120113167.pdf を参照（2014 年 4 月 1 日現在）
村田尚紀　2003　「立憲主義と国家緊急権論（特集　日本における立憲主義——その現状と理論）」『憲法問題』14: 106-120
永峯治寿　2003　「カール・シュミットの国家緊急権概念についての若干の考察」『駒沢大学大学院公法学研究』29: 1-90
西　　修　1976　「研究ノート　国家緊急権に関する南北戦争時の若干の判例について」『法学論集』13: 202-227
尾高朝雄　1947　『法の窮極に在るもの』有斐閣
大江志乃夫　1978　『戒厳令』岩波新書
岡田大助　2011　「東日本大震災と国家緊急権」『社学研論集』（早稲田大学大学院社会科学研究科）18:316-323
大西芳雄　1952　「国家緊急権の問題」『立命館法學』1: 33-63
大西芳雄　1957　「緊急権について」『公法研究』17: 1-15
大西芳雄　1967　「旧憲法下の国家緊急権」『立命館法學』68: 1-35
大西芳雄　1975　『憲法の基礎理論』有斐閣
斉藤　寿　1996　「権力（die Macht）容認と国家緊急権（Staatsnotrecht）容認——「両刃の剣」的な国家緊急権容認を中心として」『公法理論』16: 2-22
斉藤　寿　1997　『権力容認の憲法学的研究』評論社
佐藤幸治　1990　『憲法〔新版〕』（現代法律学講座 5）青林書院
瀬戸山登一　1967　「国家緊急権について——英米における緊急措置を中心として」『八幡大学法律研究所報』1: 45-70

志方俊之　2002　「志方俊之の安全保障講座　ドイツ人気質と日本人気質と――国家緊急権と日独の憲法典」『セキュリタリアン』523: 52-53
宋　石　允　2003　「現代韓国憲政史における国家緊急権」（徐勝〔訳〕）『立命館法學』287: 421-437
初宿正典、辻村みよ子（編）　2010　『新解説世界憲法集〔第2版〕』三省堂
庄　幹正　1984　「憲法と国家緊急権」『関西外国語大学研究論集』40: 387-398
杉原高嶺、水上千之、臼杵知史、吉井淳、加藤信行、高田映　2003　『現代国際法講義〔第3版〕』有斐閣
杉原泰雄（編）　1983　『憲法学の基礎概念 Ⅰ』（講座・憲法学の基礎 1）勁草書房
高橋和之（編）　2012　『新版　世界憲法集〔第2版〕』岩波文庫
高柳賢三　1964　「憲法に関する逐条意見書」『ジュリスト』289: 28-59
田中智也　2008　「日本における国家緊急権」東京工業大学大学院社会理工学研究科価値システム専攻修士論文
徳岡孝夫　1979　「飯守重任元裁判長が熱望する“国家緊急権”（70年代を創った34人）」『文藝春秋』57（13）: 119-121
富井幸雄　2006　『憲法と緊急事態法制――カナダの緊急権』日本評論社
富永　健　1996a　「国家緊急権の法制化について」『憲法論叢』3: 71-90
富永　健　1996b　「日本国憲法における国家緊急権」『憲法研究』28: 71-83
津久井進　2012　『大災害と法』岩波新書
浦田一郎　1979　「フランスの緊急権（特集　憲法と緊急権）」『ジュリスト』701: 27-32
右崎正博　1979　「アメリカの緊急事態法制――最近の動向を中心として（特集　憲法と緊急権）」『ジュ

リスト』701:45-54
渡辺　武 1989 『ドイツ大インフレーション――その政治と経済』大月書店
山田康夫 1969 「国家緊急権の史的考察」『防衛論集』8(3):1-42
山内敏弘 1979 「西ドイツの国家緊急権――その法制と論理について（特集　憲法と緊急権）」『ジュリスト』701:33-44
柳瀬良幹 1979 「国家緊急権の各種（日本公法学会創立30周年記念講演）」『公法研究』41:37-47
安田寛（監修）、防衛法学会（編著） 1977 『平和・安全保障と法――防衛・安保・国連協力関係法概説〔補綴版〕』内外出版

© Sato Rui

橋爪大三郎（はしづめ・だいさぶろう）
1948年、神奈川県生まれ。社会学者。東京大学文学部社会学科卒業、同大学院社会学研究科博士課程単位取得退学。以後、無所属で執筆・研究に専念。1989年、東京工業大学助教授。1995－2013年、同教授。
著書に、『言語ゲームと社会理論——ヴィトゲンシュタイン・ハート・ルーマン』（1985年、勁草書房）、『はじめての構造主義』（1988年、講談社現代新書）、『橋爪大三郎コレクション（全3巻）』（1993年、勁草書房）、『人間にとって法とは何か』（2003年、PHP新書）、『裁判員の教科書』（2009年、ミネルヴァ書房）など多数。

NHK BOOKS 1214

国家緊急権

2014（平成26）年4月20日　第1刷発行

著　者　**橋爪大三郎**
©2014　Hashizume Daisaburo
発行者　**溝口明秀**
発行所　**NHK出版**
東京都渋谷区宇田川町41-1　郵便番号150-8081
電話 03-3780-3317（編集）　0570-000-321（販売）
ホームページ　http://www.nhk-book.co.jp
振替　00110-1-49701
装幀者　**水戸部 功**
印　刷　**三秀舎・近代美術**
製　本　**三森製本所**
本書の無断複写（コピー）は、著作権法上の例外を除き、著作権侵害となります。
乱丁・落丁本はお取り替えいたします。
定価はカバーに表示してあります。
Printed in Japan　ISBN978-4-14-091214-0 C1331

NHKブックス

時代の半歩先を読む

＊政治・法律

日本外交の軌跡　細谷千博
現代民主主義の病理―戦後日本をどう見るか―　佐伯啓思
外交と国益―包括的安全保障とは何か―　大江 博
国家論―日本社会をどう強化するか―　佐藤 優
未来派左翼―グローバル民主主義の可能性をさぐる―(上)(下)　アントニオ・ネグリ
マルチチュード―〈帝国〉時代の戦争と民主主義―(上)(下)　アントニオ・ネグリ／マイケル・ハート
コモンウェルス―〈帝国〉を超える革命論―(上)(下)　アントニオ・ネグリ／マイケル・ハート
叛逆―マルチチュードの民主主義宣言―　アントニオ・ネグリ／マイケル・ハート
現代帝国論―人類史の中のグローバリゼーション―　山下範久
ODAの現場で考えたこと―日本外交の現在と未来―　草野 厚
現代ロシアを見る眼―「プーチンの十年」の衝撃―　木村 汎／袴田茂樹／山内聡彦
中東危機のなかの日本外交―暴走するアメリカとイランの狭間で―　宮田 律
ポピュリズムを考える―民主主義への再入門―　吉田 徹
戦争犯罪を裁く―ハーグ国際戦犯法廷の挑戦―(上)(下)　ジョン・ヘーガン
中東 新秩序の形成―「アラブの春」を超えて―　山内昌之
「デモ」とは何か―変貌する直接民主主義―　五野井郁夫
権力移行―何が政治を安定させるのか―　牧原 出

＊経済

分断される経済―バブルと不況が共存する時代―　松原隆一郎
考える技術としての統計学―生活・ビジネス・投資に生かす―　飯田泰之
生きるための経済学―〈選択の自由〉からの脱却―　安冨 歩
資本主義はどこへ向かうのか―内部化する市場と自由投資主義―　西部 忠
ドル・円・ユーロの正体―市場心理と通貨の興亡―　坂田豊光
日本銀行論―金融政策の本質とは何か―　相沢幸悦
雇用再生―持続可能な働き方を考える―　清家 篤

※在庫品切れの際はご容赦下さい。